AF557743

Universitäten tragen Verantwortung für die Förderung von sozialer und gesellschaftlicher Gerechtigkeit. Aber die universitären Gleichstellungsbemühungen kommen nur schleppend voran: Anti-Diskriminierungsmaßnahmen reichen nicht aus, um Universitäten nachhaltig zu öffnen. Gründe dafür sind neben etablierten Machtstrukturen auch wissenschaftspolitische Entwicklungen wie Exzellenzpolitiken, Wettbewerbsorientierung und die Deregulierung von Beschäftigung. Sie tragen zu einer Zuspitzung des Kampfs um gute Arbeit und berufliche Perspektiven an Universitäten bei. Betroffen sind besonders jene Gruppen, die seit jeher deutlich unterrepräsentiert waren. Das Buch nimmt auf diese Entwicklungen Bezug und führt in aktuelle hochschulbezogene Debatten zu Sexismus, Klassismus und Rassismus ein.

Sabine Hark lehrt Gender Studies an der Technischen Universität Berlin und leitet dort das Zentrum für Interdisziplinäre Frauen- und Geschlechterforschung.

Johanna Hofbauer ist am Institut für Soziologie und am Forschungsinstitut Economics of Inequality der Wirtschaftsuniversität Wien tätig.

DIE UNGLEICHE UNIVERSITÄT

PASSAGEN

WISSENSCHAFT - TRANSFORMATION - POLITIK

Wissenschaft – Transformation – Politik

Herausgegeben von
Eva Barlösius, Günther R. Burkert,
Wilhelm Krull, Antonio Loprieno,
Peter Parycek

Sabine Hark, Johanna Hofbauer

Die ungleiche Universität

Diversität, Exzellenz und Anti-Diskriminierung

Passagen Verlag

Deutsche Erstausgabe

Mit freundlicher Unterstützung der Universität
für Weiterbildung Krems.

Die Deutsche Nationalbibliothek verzeichnet diese
Publikation in der Deutschen Nationalbibliografie;
detaillierte bibliografische Daten sind im Internet
über http://dnb.dnb.de abrufbar.

ISBN 978-3-7092-0509-9

http://www.passagen.at
Grafisches Konzept: Ecke Bonk
Satz: Passagen Verlag Ges. m. b. H., Wien
Druck: Ferdinand Berger und Söhne GmbH, 3580 Horn

Inhalt

Etwas ist faul im Staate. Einleitung

„Etwas ist faul im Staate Dänemark“, *something is rotten in the state of Denmark*, lässt Shakespeare Marcellus, Wächter im Schloss von Helsingör, in der Tragödie „Hamlet“ sagen. Kurz zuvor war den Wachleuten und Prinz Hamlet der Geist des ermordeten Königs, Hamlets Vater, erschienen. Eine Begegnung, die bekanntermaßen eine tragische Kette von Ereignissen auslösen sollte. *Etwas ist faul im Staate.* Ein Satz, der heute umstandslos auch auf Universitäten anwendbar scheint. Und zwar weltweit. Hoffnungslos verloren sei die Universität, schreibt jüngst der englische Erziehungswissenschaftler Richard Hall in seiner Streitschrift *The Hopeless University.* Nichts anderes als eine krankmachende Angstmaschine, beteiligt an der globalen Reproduktion von Ungleichheit und Ungerechtigkeit.[1] Höchste Zeit, sie aufzugeben. *Imagine the abolition of the university as we know it.* Eine Diagnose mit Vorlauf. Zerstört sei die Universität; das hatte schon ein Vierteljahrhundert zuvor, 1996, nüchtern der kanadische Kulturwissenschaftler Bill Readings in seiner gleichnamigen Schrift *University in Ruins* diagnostiziert – bis heute ein viel diskutierter Bezugspunkt in der internationalen Diskussion zur Zukunft der Universität.[2]

Und in der Tat: Egal, wo wir hinschauen, die Anstalten der höheren Bildung sind in keiner guten Verfassung. Nachgefragt wie vielleicht nie zuvor in ihrer Geschichte, dennoch eine Institution im freien Fall. Vom Sockel gestoßen. *Rhodes Must Fall.* Auch im

21. Jahrhundert noch immer zu *weiß*, zu männlich, sozial und kulturell zu elitär, insgesamt zu wenig inklusiv – und nicht gewillt, wissenschaftliche Exzellenz und Diversität als zwei Seiten *einer* Medaille zu sehen. Die Gleichstellung der Geschlechter kommt nur schleppend voran, Diversitätspolitiken werden vielerorts bloß als Imagepolitik betrieben, institutionelle Formen von Rassismus und Sexismus hingegen aktiv ausgeblendet und Anti-Diskriminierungsmaßnahmen reichen bei weitem nicht aus, um die Universitäten sozial und kulturell nachhaltig zu öffnen und ihre Mitglieder vor Diskriminierung zu schützen.[3]

Zerrissen zwischen Staat, Markt und Wissenschaft schwankt die Universität zwischen elitärem Elfenbeinturm und Volksbildungsanstalt. Geblendet von der Illusion der Exzellenz, getrieben von oft inkommensurablen, sich stetig vermehrenden Anforderungen und angekränkelt von jener neoliberal induzierten Atemlosigkeit, die alle gesellschaftlichen Sphären tangiert und wesentlich zur Implosion ihrer Funktionsbedingungen beigetragen hat, ist die Universität gegenwärtig einmal mehr auf der Suche nach einer ihrem heutigen gesellschaftlichen Auftrag gemäßen Form und Bestimmung. Was sie heute sein will, wird viel zu selten in der eigentlich gebotenen intellektuellen Strenge und politischen Tiefe diskutiert. Im Gegenteil. Wo das Ringen um mutige Entwürfe einer demokratischen Universität der Vielen von Nöten wäre, dominiert allzu oft kleinteilige, bürokratisierte und den Geist managerialer Regulierung atmende Reformeritis den hochschulpolitischen Diskurs.

International spitzen sich unterdessen die universitären Kämpfe zu. Ob in Australien, Chile oder England, ob in Frankreich, Indien, Österreich oder Südafrika, allerorten befinden sich Studierende und das auf vielfältige Weise prekarisierte akademische, administrative und technische Personal im Streik.[4] Allein in Deutschland sammelten sich 2021 binnen weniger Tage Tausende strukturell prekarisierte Wissenschaftler*innen unter den Hashtags #IchBinHanna und #IchBinReyhan, um auf ihre unsichere Situation und fehlende Beschäftigungsperspektiven aufmerksam zu machen.[5] Weltweit kämpfen Akademiker*innen und Studierende für bessere Studienbedingungen und *gute Arbeit in der Wissenschaft*[6], für gerechte Löhne und Zugangschancen und für mehr Partizipation. Studierende fragen „*why isn't my professor black?*"[7] und fordern andere Inhalte und Studiengänge sowie die Revision des westlichzentrierten Kanons. Studierende, Promovierende und Postdocs wehren sich gegen intransparente Anforderungen und Überforderung, skandalisieren unsichere Karriereperspektiven und Kettenverträge und prangern zu Recht professoralen Machtmissbrauch, sexualisierte Übergriffe und rassistische Invektive an, die für allzu viele von ihnen Teil ihres akademischen Alltags sind.[8]

Trotz dieser Kämpfe und der allenthalben zu Tage tretenden Missstände wird die Universität jedoch, wie gesagt, noch immer als eine Institution verhandelt, die sicher reformbedürftig ist, aber keineswegs grundlegend umgestaltet oder vielleicht sogar in ihrer jetzigen Form abgeschafft werden sollte. Zwar beklagen internationale Beobachter*innen hochschulischer Transformationsprozesse die omnipräsente „Macht des Wettbewerbs"[9] und „neoliberale Aushöhlung" der Universitäten und sprechen sogar von einem „Krieg" gegen die hochschulische Bildung, *Neoliberalism's War on Higher Education*[10], preisgeben möchte die Universität indessen kaum jemand. Gerade heute nicht. Universitäten repräsentieren die Wissensgesellschaft[11], sie gehören zu jenen Institutionen, deren Aufgabe es ist, die Werte einer aufgeklärten, modernen, liberalen

Gesellschaft zu vertreten. Nicht nur bildeten Universitäten historisch einen Gegenpol zu staatlicher Herrschaft und kirchlicher Macht; sie können und müssen weiterhin ein Ort der Kritik und des Widerspruchs sein und gegen antidemokratische, nationalistische, wissenschaftsfeindliche und andere zersetzende Kräfte, die das Potenzial haben, die Gesellschaft zu spalten, kämpfen. Die Universität preiszugeben ist daher keine Option. Dass sie in der Regel allerdings als lediglich punktuell reformbedürftig beschrieben wird, trägt nicht nur dazu bei, ihr über Jahrhunderte akkumuliertes symbolisches - rassifiziertes und vergeschlechtlichtes - Kapital zu schützen, es verhindert auch, dass das System Universität als Teil der globalen Machtverhältnisse, die eine Vielzahl intersektional organisierter und widersprüchlich ineinander verfugter Ungleichheiten produzieren, in den Blick gerät.

Die in den frühen 1990er Jahren vom englischen Ökonomen Michael Power auf den Begriff gebrachte „Audit-Explosion“[12] hat also ganze Arbeit geleistet. Fleißigen Arbeitsbienen gleich bedienen Akademiker*innen tagein tagaus die evaluierende Maschine, statt den Stecker zu ziehen. Das manageriale Vokabular beherrscht die Diskussionen in den akademischen Gremien, prägt hochschulpolitische Strategiepapiere, Curricula und Forschungsprogrammatiken. Wettbewerb, Profilbildung und Innovation, Strategie, indikatorenbasiertes Monitoring und Exzellenzsteigerung, *pay for performance,* Internationalisierung und mobilisierbare Potentiale - kein Dekan, keine Präsidentin, die ohne diese Begriffe auskommen. Ein dystopischer Dreiklang aus „auditieren, quantifizieren, zerstören“ hat so das „Leben in der neoliberalen Universität“ dramatisch und womöglich unheilbar verändert, kommentiert drastisch die englische Sozialwissenschaftlerin Rosalind Gill.[13] Ist die Universität noch zu retten? Diese Frage ist nicht rhetorisch gemeint.

In jedem Fall ist die Universität eine Einrichtung ganz eigener Art. Wissenschaft ist eine gesellschaftliche Veranstaltung, die von ihrer Gesellschaftlichkeit oft nichts wissen will. Autonom will sie sein, einzig hehrer Erkenntnis verpflichtet - was heute allerdings allzu oft mit einer letztlich hohlen Vorstellung von Exzellenz verwechselt wird. Das gilt auch für die Universität. Sie ist seit den ersten Gründungen in Bologna und Paris um das Jahr 1200 herum eine zwischen staatlicher Institution und unternehmerischer Organisation oszillierende, hybride Einrichtung unter wechselnder kirchlicher, weltlicher und privatwirtschaftlicher Obhut.[14] Päpste, Kaiser und Fürsten sind zunächst ihre Prinzipale und Sponsoren. An deren Stelle treten im 19. Jahrhundert der moderne Nationalstaat und in der zweiten Hälfte des 20. Jahrhunderts auch privatwirtschaftlich geführte Unternehmen. Die längste Zeit ihrer Geschichte reine Lehranstalt, werden Forschung und Lehre erst mit der Gründung der Berliner Universität 1810 in der nun vom Staat getragenen und geschützten Universität zusammengeführt. Seitdem sind unzählige Aufgaben und Anforderungen hinzu gekommen und die Universität wurde eins ums andere Mal reformiert und ihr gesellschaftlicher Auftrag reformuliert; sie wurde politisch instrumentalisiert, gesellschaftlich wertgeschätzt und genauso oft abgeschrieben und vernachlässigt. Wie der namenlose „Er“ aus Franz Kafkas gleichnamiger Parabel scheint sie dabei stets gefangen zwischen Vergangenheit und Zukunft und reibt sich auf im Gefecht zwischen Kräften, die sie ungestüm in die Zukunft treiben, und solchen, die sie mit ebensolchem Elan zurückzuhalten suchen. Unentschieden pendelt die Universität so zwischen nostalgischer Verklärung ihrer glorreichen

Vergangenheit und Phantasien einer glanzvollen Zukunft. „Er hat zwei Gegner“, heißt es bei Kafka. „Der erste bedrängt ihn von hinten, vom Ursprung her. Der zweite verwehrt ihm den Weg nach vorn. Er kämpft mit beiden. Eigentlich unterstützt ihn der erste im Kampf mit dem Zweiten, denn er will ihn nach vorn drängen und ebenso unterstützt ihn der zweite im Kampf mit dem Ersten; denn er treibt ihn doch zurück.“[15]

Eingedenk dieser Eigentümlichkeit der Institution Universität sowie der hier vorerst nur kursorisch umrissenen hochschulischen Verhältnisse und Verhinderungen wenden auch wir uns mit diesem Buch einmal mehr der Universität zu. Wir blicken auf die Arbeit, die in Universitäten verrichtet wird, und auf die Menschen, die diese Arbeit unter teils widrigen Bedingungen verrichten. Wir beschäftigen uns mit Universität als Ort der komplexen, intersektional organisierten Produktion neuer Formen von Herrschaft und Ungleichheit und der Konservierung alter Ungleichheiten, wir lenken den Blick aber auch auf deren Anfechtung und die Versuche, sie zu überwinden. Wir fokussieren auf die teils widersinnigen Verflechtungen neoliberaler Exzellenzpolitiken mit Diversitäts- und Gleichstellungspolitiken und nehmen deren paradoxe Effekte in den Blick. Die Debatten und Befunde zur Managerialisierung der Universitäten, zu den Effekten der Umstellung hochschulischer Governance auf wettbewerbliche Prinzipien und zur Prekarisierung von akademischer Arbeit und Wissenschaft suchen wir zusammenzuführen mit jenen zur Reproduktion institutioneller Rassismen und Sexismen und struktureller Diskriminierung. Und wir fragen schließlich, ob und wie die Universität zu retten ist, welche Idee sie im 21. Jahrhundert begründen könnte und welchen Wandel es braucht, damit ihre Zukunft nicht länger eine der Ungleichheit ist.

1. Zerstörte Universität? Ein erster Rundgang

Beginnen wir mit einer genaueren Inspektion der Universität im Jahr 2022. Wie ist es um die akademischen Einrichtungen bestellt? Von welchen Geistern, um in Shakespeares Bild zu bleiben, werden sie gegenwärtig heimgesucht? Und mit Kafkas Bild gesprochen: Welche Kräfte schieben die Universität nach vorne und welche drängen sie zurück? Hatte Bill Readings mit seiner Diagnose der zerstörten Universität einst überhaupt eine zutreffende Beschreibung geliefert? Ist sie tatsächlich hoffnungslos verloren, wie Richard Hall heute konstatiert? *Im Kern verrottet,* wie der deutsche Sozialdemokrat Peter Glotz, unter anderem Senator für Wissenschaft und Forschung in Berlin (West) und Gründungsrektor der 1994 wieder errichteten Universität Erfurt, in seinem 1996 zeitgleich mit Readings' Streitschrift erschienenen hochschulpolitischen Manifest vielleicht nur rhetorisch gefragt hatte?[16] Immerhin existiert die Universität entgegen diesen Kassandra-Rufen nicht nur weiterhin, sie expandiert in historisch bislang unbekannten Größendimensionen und auch ihr Aufgabenportfolio diversifiziert und erweitert sich beständig. Auf den ersten Blick ist sie auch so demokratisch wie nie und längst nicht mehr nur der Ort der von der Geburtslotterie begünstigten *fortunate few,* der *weißen,* männlichen, bürgerlichen, europäischen Elite. Doch weiß sie eine Antwort auf die damit verbundene Aufgabe, eine Universität der Vielen zu sein?

Über eine Idee von sich selbst scheint die Universität heute jedenfalls nur in aller Unschärfe zu verfügen. Während sie einerseits für die Gesellschaft unverzichtbare Expertise und Wissen bereitstellt, ist ihre Bestimmung und ihr gesellschaftlicher Auftrag ungewisser denn je.[17] Ist sie Volksbildungsanstalt, Schule der Nation, Produktivkraft, eine globale Marke? Der Ort bahnbrechender Forschung oder solider Lehrkräfteausbildung? Zulieferer technologischen Wissens für die Industrie, Anbieter lukrativer Weiterbildungszertifikate, Event Location für private Sponsor*innen oder Agentur für Community-Outreach-Projekte? In diesem Vakuum jonglieren Universitäten mit einer Vielzahl sehr unterschiedlicher und teilweise unvereinbarer Ideen über sich selbst, ohne dass diese Bemühungen bislang ein ausgereiftes und in sich kohärentes Bild erkennen lassen. An Leitbildern ist kein Mangel. „Begriff und Mission der Universität im 21. Jahrhundert" sind ungeklärt, urteilte unlängst auch der Präsident der deutschen Hochschulrektorenkonferenz (HRK), Peter-André Alt, in seiner Streitschrift zur Lage der deutschen Universität.[18] Und wie auch immer sie ihren Auftrag jeweils ausbuchstabiert, denkbar weit entfernt ist sie in jedem Fall von einer wahrhaft inklusiven Institution, ungeachtet dessen, dass, wie gesagt, verstärkt auch akademisch bislang marginalisierte Communities Zugang finden und ein Bekenntnis zu Diversität und Chancengleichheit in kaum einem universitären Mission Statement fehlt.

Facetten hochschulischer Gegenwart

Blicken wir also heute auf Universitäten und Hochschulen, so bietet sich uns ein insgesamt facettenreiches, bisweilen disparates und durchaus ambivalent gezeichnetes Bild. Es setzt sich zusammen aus überkommenen Beharrlichkeiten, erodierten Gewissheiten und vielerorts einem gleichermaßen unbegriffenen wie ungebändigten Reformeifer und dem Willen zu Optimierung und Effizienzsteigerung. Höher, schneller, weiter - aber wohin und wozu? Wir sehen Lehrende und Forschende, die von ihrer Sache überzeugt sind und tagtäglich den schmalen Grat zwischen Kritik und Anpassung ausloten. Wir sehen eine heterogen zusammengesetzte Studierendenschaft, die nicht nur unterschiedliche Voraussetzungen mitbringt, sondern auch unterschiedliche Ansprüche an das Studium stellt und unterschiedliche Ziele verfolgt. Aus einer anderen Warte betrachtet finden wir neben Widerständigkeit, Aufruhr und Streik erschöpfte Kräfte und mürrische Resilienz, fatalistisches Durchhalten und mehr oder minder subtile Formen der Verweigerung. Ein dritter Blickwinkel lässt uns genuine Demokratisierungsbemühungen und ein aufrichtiges Ringen um Gleichheit, Inklusion und Partizipation erkennen. Und nicht zuletzt ist trotz allem auch wissenschaftliche Neugier, echte Freude an Erkenntnis und gemeinsamem Lernen auf Augenhöhe, an engagierter Debatte und Dissens noch immer Teil des universitären Bildes.

Universitäten agieren weltweit am Limit und erfreuen sich gleichzeitig eines nahezu unbegrenzten Zustroms. Sie ächzen unter teilweise exponentiell steigenden Studierendenzahlen, für deren Bildung und Ausbildung nur noch begrenzt Sorge getragen werden kann. In den OECD-Ländern nehmen durchschnittlich 57 Prozent der Frauen und 45 Prozent der Männer vor ihrem 25. Geburtstag ein Studium auf; in Deutschland beginnt jedes Jahr rund eine halbe Million junger Menschen ein Studium. Strömte im Jahr 2000 rund ein Drittel des jeweiligen Geburtsjahrgangs in die Hochschulen, so ist es 2021 bereits mehr als die Hälfte – während hunderttausende Ausbildungsplätze leer bleiben. Insgesamt studieren in Deutschland derzeit an rund 430 Universitäten und Hochschulen knapp 3 Millionen Menschen, also knapp 4 Prozent der Bevölkerung.[19] In Österreich ist die Erstimmatrikulationsquote etwas niedriger, hier nahmen 2020 45 Prozent der jungen Frauen und 43 Prozent der jungen Männer ein Studium auf. Im Jahr 2019 waren knapp 290.000 ordentliche und außerordentliche Studierende – rund 3 Prozent der Bevölkerung – an 73 österreichischen Universitäten und Hochschulen immatrikuliert.[20]

Diesem Wachstum steht, von einigen wenigen Ausnahmen wie Harvard, dem California Institute of Technology, Yale oder Stanford in den USA oder Oxford und Cambridge in England abgesehen, eine chronisch schlechte beziehungsweise stets hinterherhinkende Ausstattung, eine teils marode bauliche und unzulängliche digitale Infrastruktur, zu geringe Kapazitäten in Forschung, Lehre und Verwaltung und die weltweit sich stetig intensivierende Prekarisierung sowohl der akademischen Arbeit wie des akademischen Personals gegenüber. Ein deutlich verschärfter Wettbewerb um gute Stellen hat auf allen Ebenen den Leistungsdruck enorm intensiviert, die Bologna-Reform zusätzlich die Veranstaltungs- und Prüfungsdichte gesteigert. Die Universitäten werden überzogen mit immer neuen wissenschafts- und hochschulpolitischen Reformen, die teils widersprüchliche Agenden verfolgen und die Hochschulen mal in die eine, dann in die entgegengesetzte Richtung ziehen. Neben Exzellenz, Digitalisierung, Nachhaltigkeit und Internationalisierung sollen sie Diversitätspolitik strategisch integrieren – und betreiben diese doch meist nur als „Anbaustrategie“[21]. Um nach außen und innen

Verantwortung für das Thema zu demonstrieren, aber an den Routinen und Denkmustern im Universitätsbetrieb möglichst wenig zu rütteln, wird einfach eine neue Stelle eingerichtet, die sich dann um Inklusion, Vielfalt und den Schutz von Minderheiten kümmern soll. Die Hochschulen werden verschlissen in unzähligen Audit-, Akkreditierungs- und Monitoring-Prozessen, ausgelaugt durch quantifizierte Leistungsmessungen sowie Intellekt und Kreativität erstickende Auflagen der Selbst- und Fremdevaluation, in denen monochrome, vollständig durchleuchtete Datendoubles ihrer Mitglieder erzeugt werden, die diese chronifizierten Erschöpfungszustände und Versagensängste bescheren. „Körperlose numerische Stellvertreter*innen" ihrer selbst, aufgereiht in imaginären Rangfolgen „entsprechend ihrer vermessenen Leistungen, wie sie sich verzerrt in standardisierten Formularen und Matrizen widerspiegeln", kommentiert der kanadische Hochschulforscher Marc Spooner.[22]

Kennziffern und Leistungsindikatoren. „verräterische Verbündete"

Solche Formen metrisierter Leistungserfassung und -beurteilung sowie Techniken kalkulatorischer Steuerung von Forschung, Lehre und Personal und wettbewerbliche, ökonomische Anreize setzende Verfahren der Mittelverteilung haben seit der Jahrtausendwende im Zuge der Implementation von *New Public Management* weltweit an Universitäten und Hochschulen Einzug gehalten. Sie fügen sich ein in die Universalisierung des gemeinhin im Modus numerischer Vergleiche operierenden Wettbewerbs; sie haben Teil an der Durchdringung von immer mehr Lebensbereichen mit daten- und indikatorenbasierten Formen der Bewertung und Kontrolle; sie beantworten die Fragen von Rechenschaft und Verantwortung mit Methoden des Rechnungswesens und partizipieren an der Normalisierung von quantifizierenden Grammatiken der Klassifikation, Differenzbildung und Hierarchisierung. Sie beherrschen, kurzum, den hochschulischen Alltag, die Wissenschaftler*innen selbst und ihre wissenschaftliche Arbeit.[23] Kennziffern versprechen Transparenz und Gerechtigkeit und gelten als wenn auch „verräterische Verbündete" für Gleichstellungs- und Diversitätspolitiken.[24] *Impact factors* regieren das Publikationsverhalten der einzelnen Wissenschaftler*in, Benchmarkings und internationale Rankings steuern die strategische Ausrichtung von Universitäten, Leistungspunkt-Systeme machen aus dem Studium eine (auch) buchhalterische Aktivität, bei der am Ende weniger zählt, welche Inhalte studiert wurden, als der Saldo des ECTS-Kontos.

Indem dergestalt jeder Aspekt der akademischen Tätigkeit einer numerischen Feinsteuerung unterworfen und so die Illusion genährt wird, Forschung und Lehre seien vollständig plan- und steuerbare Prozesse, reorganisiert die „Herrschaft der Zahlen"[25] im akademischen Kosmos Regierungstechniken und Wahrheitspolitiken, installiert neue Sichtbarkeitsregime[26] und generiert neue Subjektivierungsweisen. Willem Halffman und Hans Radder sprechen in diesem Zusammenhang davon, dass Hochschulen einem „Regime der Fetischisierung von Indikatoren" unterworfen wurden.[27] Diesem ginge es „weniger um qualitativ hochwertige Ergebnisse, die es ohnehin nicht bewerten kann, als um Performance: die taktisch klug ersonnene und einfallsreich polierte Illusion von Exzellenz".[28]

Dabei ist es wichtig, nicht zu vergessen, dass Zahlen Leistung nicht einfach abbilden, vielmehr werden soziale Phänomene durch statistische Verfahren erst zu Tatsachen, wie Eva Barlösius in anderem Zusammenhang überzeugend darlegen konnte.[29] Zahlen „geben vor, eine Realität zu zeigen, die außerhalb von ihnen liegt und durch sie sichtbar gemacht werden kann", so auch Bettina Heintz.[30] Doch mehr noch: Zahlen machen Wirklichkeit nicht nur sichtbar, sie erschaffen sie als je spezifische soziale Tatsache und erzeugen so die soziale Welt insgesamt neu, indem sie unsere Vorstellungen von Wert, guter Wissenschaft und akademischem – Status regieren. Es zählt, was gezählt werden kann. Salopp gesagt: Ein*e gute Wissenschaftler*in ist, deren Leistungspunktekonto schwarze Zahlen schreibt.

Solcherart kühle Kalkulation und strategisches Handeln überlagert daher zunehmend auch den Forschungsprozess und steuert, welche Fragen gestellt und welche nicht weiterverfolgt werden. Wichtiger als das theoretische Fundament und empirische Design eines Forschungsprojekts ist zudem oft genug der behauptete strategische Output und Mehrwert für die Universität, die Region, die Wirtschaft, das Bruttoinlandsprodukt. „Wir verkaufen unsere Seele", kommentierte vor einigen Jahren der Bremer Rechtswissenschaftler Andreas Fischer-Lescano den Druck, beständig kompetitiv agieren zu müssen.[31] Im Ergebnis, zitiert Gerald Wagner in der *Frankfurter Allgemeinen Zeitung* den Soziologen Uwe Schimank, setzt sich so mittelmäßiger Mainstream durch – inkrementeller Erkenntnisfortschritt statt wissenschaftlicher Durchbrüche. Das stetige Wachstum wettbewerblicher Anreize in der Forschungsfinanzierung könne daher als eine Form der beständigen „mikroinvasiven Verletzung" der Wissenschaft verstanden werden, kommentiert Schimank drastisch.[32]

Unzweifelhaft haben diese Entwicklungen den akademischen Alltag, wie gesagt, längst nicht nur irreversibel verändert und alle am hochschulischen Geschehen Beteiligten erschöpft. Sie haben auch dazu beigetragen, dass entgegen dem auf Kennziffern gegründeten Versprechen von Transparenz und Leistungsgerechtigkeit die Luft in den Hörsälen und Sitzungsräumen, in den Laboren und auf den Büroﬂuren mehr denn je von Konkurrenz, Neid und Misstrauen erfüllt ist. Dabei sollte diese Art von numerischer Transparenz alte Seilschaften und informelle Netzwerke in Schach halten und auf denkbar elegante Weise Gerechtigkeit garantieren. Stattdessen heizt numerische Transparenz die Konkurrenz weiter an, schafft Vermessung nicht Gerechtigkeit; im Gegenteil: Numerische Transparenz verbirgt ungleiche Startvoraussetzungen und Produktionsbedingungen.

Spannungen, Gereiztheit und unversöhnlich verlaufende Dispute in und zwischen allen Statusgruppen sowie zwischen dem akademischen, administrativen und technischen Personal einerseits und den Hochschulleitungen und dem universitären Management in strategischen Abteilungen, Stabsstellen und Präsidialämtern, das hochschulintern oft genug als unnötiger und überflüssiger „Wasserkopf" wahrgenommen und verspottet wird, andererseits, gehören in einer solcherart vergifteten Atmosphäre daher zum universitären Tagesgeschäft. Die Konflikte sind zudem aufgrund der enorm gestiegenen Anforderungen an *compliance* und *accountability* sowie einer in der Geschichte der Universität sicherlich beispiellosen Verdichtung rechtlicher, administrativer, technischer und organisatorischer Regelungen häufiger, langwieriger und intransparenter geworden, etwa bei der Besetzung von Berufungs- und Auswahlkommissionen, oder der Interpretation von Befangenheitsregelungen.

In der Forschung tragen monetäre Anreizsysteme, *pay for performance,* und die Verschärfung interner

Monitoring- und Kontrollroutinen – insbesondere mittels digitaler Content-Management-Systeme, die die Hochschulangehörigen beständig angehalten sind, mit eben solchem Content zu befüllen – zudem womöglich zu einer Konventionalisierung und Homogenisierung bei. Wo monetäre Belohnung an die Zahl von Publikationen geknüpft werde, so die Ökonom*innen Margit Osterloh und Bruno Frey, bestehe die Gefahr, dass konventionellen oder modischen Ansätzen der Vorzug gegeben werde, da diese womöglich weniger Widerspruch hervorriefen und leichter zu veröffentlichen wären.[33] Normalitätskorridore werden so stetig verengt und der Raum für Kreativität sowie die Bereitschaft zum Experimentieren beschnitten. Auch der wachsende Druck, Forschungsergebnisse für die Industrie aufzubereiten oder wenigstens deren gesellschaftlichen Impact nachweisen zu müssen sowie die Kommerzialisierung von Publikationsmöglichkeiten selbst trägt hierzu zweifellos bei. Ebenso wie der Zwang, Mittel für Forschung unter verschärften Wettbewerbsbedingungen (Windhund-Prinzip) einzuwerben sowie möglichst schnell und möglichst viel zu publizieren – *publish or perish* – untergräbt dieser Druck zudem die Norm und Verpflichtung, das wissenschaftliche Wissen als Ergebnis der Anstrengungen der gesamten *scientific community* zu verstehen, das folglich allen Mitgliedern gleichermaßen zugänglich zu machen ist. Unredlichkeiten im Umgang mit den Ergebnissen und Erkenntnissen anderer, unfair ausgetragene Kämpfe um Erstautor*innenschaft, erschlichene akademische Titel und Plagiatsfälle sind in solchen Bedingtheiten daher mittlerweile regelmäßige Bestandteile des universitären Lebens.

Im Bereich der reproduktiven, technischen und administrativen Dienstleistungen hat der Abbau regulärer Beschäftigung und das Outsourcing dieser Tätigkeiten genauso zu einer Beschäftigungskrise beigetragen wie es im Bereich der wissenschaftlichen Arbeit Befristung und Prekarisierung getan haben. Einzig im Gastgewerbe gäbe es mehr temporäre und prekär Beschäftigte als in der Wissenschaft, kommentiert Rosalind Gill drastisch die Situation an den englischen Universitäten.[34]

In Deutschland sind rund 90 Prozent aller in der Wissenschaft tätigen Personen unter 45 befristet beschäftigt, in Österreich finden sich rund 80 Prozent des wissenschaftlichen Personals in einem befristeten Beschäftigungsverhältnis. An der Universität Wien, der größten Hochschule in Österreich, sind rund 85 Prozent des wissenschaftlichen Personals befristet beschäftigt, davon rund ein Drittel als Lehrbeauftragte, die in manchen Fächern bis zu 60 Prozent der Lehre bestreiten und in der Regel von Semester zu Semester neu um Beschäftigung ansuchen müssen.[35]

Besonders dem deutschen Universitätssystem ist es bis heute nicht gelungen, die professorale Laufbahn zu einer professionellen, also einer Laufbahnkarriere - etwa vergleichbar zum US-amerikanischen Tenure-Track-Verfahren - umzugestalten. Der Weg zur Professur gleicht in beiden Ländern mehr als hundert Jahre nachdem Max Weber diesen Weg als „wilden Hazard" beschrieben hat, noch immer einem Glücksspiel.[36] Dessen *Hopp oder Top*-Regeln sind im deutschen „Gesetz über befristete Arbeitsverträge in der Wissenschaft"[37], kurz Wissenschaftszeitvertragsgesetz, definiert: Ist nach 12 Jahren der Sprung auf die unbefristete Professur nicht geschafft, droht der Gang zum Jobcenter. Noch radikaler die österreichische Regelung, die eine Befristungshöchstdauer von sechs beziehungsweise acht Jahren vorsieht, oder der Vorschlag der deutschen HRK vom Sommer 2022, die Höchstbefristungsdauer auf zehn Jahre herabzusetzen und das im März 2023 veröffentlichte Eckpunktepapier des deutschen Bildungsministeriums, das für die Postdoc-Phase eine Befristung auf drei Jahre vorschlägt - allesamt vorgetragen mit dem Argument, es sei dann früher in der Biografie klar, ob eine wissenschaftliche Karriere eine Option ist und die Betroffenen könnten entsprechend schneller umdisponieren.[38] Hartnäckig hält sich der Mythos, wissenschaftliche Kreativität sei eben an Unsicherheit und Risiko geknüpft - und wird durch solche Regelungen neu befeuert. Wissenschaftler*innen seien „keine Laufbahnbeamten"; sie könnten „nur unter einem gewissen Risiko" kreativ bleiben, hatte Dieter Lenzen, zuletzt Präsident der Universität Hamburg und selbst bereits mit knapp 30 Jahren professoral verbeamtet, unlängst der Generation #IchBinHanna ins Merkheft diktiert.[39]

Und weil diese Länder so oft als positive Gegenbeispiele präsentiert werden, sei ein kurzer Blick in die englischsprachige Welt gestattet: In den USA sind zwar 37 Prozent aller Wissenschaftler*innen unbefristet beschäftigt oder haben zumindest Aussicht auf eine Festanstellung, zwischen 1976 und 2011 wuchs die Zahl der entfristeten oder mit Tenure-Track versehenen Professuren um immerhin 23 Prozent, doch die Zahl der Vollzeit-Beschäftigten mit befristeten Verträgen oder ohne Tenure-Track stieg im selben Zeitraum um satte 259 Prozent und die von Teilzeit-Beschäftigten ohne Jobgarantie gar um 286 Prozent. Wissenschaftlerinnen in den USA verdienen durchschnittlich knapp 20 Prozent weniger als ihre männlichen Kollegen. Während der Covid-19 Pandemie hat mehr als die Hälfte aller Colleges und Universitäten in den USA Löhne und Gehälter eingefroren oder gar gekürzt.[40] In Australien ist rund 40 Prozent des akademischen Personals befristet beschäftigt, mehr als zwei Drittel der Lehre für BA-Studierende wird in prekarisierten Arbeitsverhältnissen geleistet. Aus England mehren sich Berichte drastischer Einkommensarmut nicht nur bei Studierenden, administrativem und technischem Personal, sondern auch beim wissenschaftlichen Personal, besonders in der Gruppe der lediglich als Lehrbeauftragte beschäftigten Promovierenden. *Food banks* gehören mittlerweile an vielen Hochschulen genauso dazu wie Bibliotheken und Medienzentren.[41]

Gerade in den sogenannten wissenschaftsunterstützenden Bereichen – Verwaltung, Service, technische Dienstleistung – sind auch hierzulande auskömmliche und existenzsichernde Löhne und Gehälter inzwischen eher die Ausnahme als die Regel, zumal an jenen Hochschulstandorten, an denen Mieten und Lebenshaltungskosten durchschnittliche Einkommen deutlich sprengen. Auch finden wir in diesem akademischen Beschäftigungssegment generell auf dem Arbeitsmarkt anzutreffende und Ungleichheit generierende vergeschlechtlichte und rassisierte Muster: Unter den in Teilzeit beschäftigten Kräften finden sich eher Frauen, in Vollzeit beschäftigt sind hingegen eher Männer; in den feminisierten Beschäftigungssegmenten in der Verwaltung werden in der Regel und im Durchschnitt niedrigere Gehälter gezahlt als in den Beschäftigungssegmenten der technischen Dienstleistungen, die mehrheitlich von Männern ausgeübt werden. Zudem sind auf Ebene der Sekretariate neue, extrem komplexe und neu kombinierte Tätigkeiten entstanden, die eher der Arbeitsplatzbeschreibung von Wissenschaftskoordinator*innen entsprechen, aber nicht entsprechend vergütet werden. Noch drastischer stellt es sich, wie gesagt, für die im universitären Alltag nahezu vollständig unsichtbar bleibenden Aufgaben dar: Reinigung, Wartung, Sicherheit - Aufgaben, die weit überwiegend von migrantisierten Arbeitskräften ausgeführt werden.

In der Gruppe der Professor*innen führt das bereits angesprochene *pay for perfomance*-Prinzip - etwa in der deutschen W-Besoldung -, also die Kopplung eines gewissen Anteils der Einkommen an die Erfüllung quantifizierter Leistungsziele (Zahl der Publikationen, Betreuungen, Studienabschlüsse, Drittmittel usw.), zu Ungleichheit in den Einkommen zwischen den statusmäßig eigentlich gleichgestellten Professor*innen. Wie der Gender-Report des Netzwerkes Frauen- und Geschlechterforschung in Nordrhein-Westfalen von 2019 zeigen konnte, weist diese Disparität zudem einen deutlichen Gender-Pay-Gap auf.[42] Dass die Universität ein sicherer und privilegierter Arbeitsplatz ist, ist längst mehr Mythos als Wirklichkeit.

Gläserne Decken

Frauen* stellen die Mehrheit bei den Studierenden, sie zeichnen für mehr Abschlüsse verantwortlich, fast jede zweite Promotionsschrift wird von einer Wissenschaftlerin verfasst, doch bei den Professuren kommen sie an die Marge von 30 Prozent, die sich auch in anderen Branchen als gläserne Decke erweist, nicht heran oder gar über diese hinaus. Stufe für Stufe stürzen sie ab von der akademischen Karriereleiter. Überproportional sind sie nur auf befristeten und/oder Teilzeit-Professuren zu finden.[43] Ein Befund, der spiegelbildlich auch beim wissenschaftsunterstützenden Personal ausgemacht werden kann. Hier sind sie mehrheitlich in den unteren Gehaltsgruppen zu finden, während in Rektoraten und Dekanaten *weiße* Männer europäischer Herkunft weitgehend unter sich sind. Der „typische Unichef in Deutschland", so der Wissenschaftsjournalist Jan-Martin Wiarda 2021, „ist ein Mann, 59 Jahre alt und stammt aus Westdeutschland". Nur rund ein Viertel der deutschen Hochschulen werden von Frauen geleitet, in den Dekanaten sind sie noch seltener anzutreffen: nur jede*r fünfte Dekan*in ist eine Frau.[44] Während migrantisierte Personen die Universitäten nachts bevölkern – als Gebäudereiniger*innen und Security – sind Wissenschaftler*innen *of Color* in den Rektoraten kaum anzutreffen. Laut einer Erhebung des Centrums für Hochschulentwicklung (CHE) wurden 2021 lediglich vier deutsche Universitäten von Personen geleitet, die nicht in Deutschland geboren wurden. Weitere Daten, etwa zu sozialer Herkunft, Migrationserfahrung oder zu anderen Dimensionen mit Diskriminierungspotential liegen nicht vor.

Anfeindungen und staatliche Interventionen. Wissenschaft unter politischem Druck

Zunehmend steht Wissenschaft auch unter erheblichem Legitimationsdruck und Wissenschaftler*innen erleben feindselige Angriffe, die auch vor der Androhung physischer Gewalt nicht Halt machen. Regierungen, die doch eigentlich die universitäre Autonomie, also die Freiheit von Forschung und Lehre schützen sollen, intervenieren in innere akademische Angelegenheiten, schreiben vor, welche Inhalte gelehrt und diskutiert und worüber geforscht werden darf und verbieten nicht nur Lehrbücher, sondern ganze Fächer und Studiengänge. In Florida, USA, beispielsweise strich das Bildungsministerium im Frühjahr 2022 54

Mathematiklehrbücher aus dem Lehrplan mit dem Hinweis, sie würden „verbotene Themen oder unerwünschte Strategien wie *Critical Race Theory*" enthalten. Bereits 2018 entzog die ungarische Regierung Victor Orbáns den ungarischen Gender Studies-Programmen die Akkreditierung.

Verschwörungsideologisch motivierte Bewegungen und Parteien unterschiedlichster Couleur (Corona-Leugner*innen, Klimawandel-Leugner*innen, Anti-Gender-Bewegungen), Kirchen und religiöse Sekten, aber auch gewöhnliche Bürger und Bürgerinnen stellen samt und sonders nicht nur wissenschaftliche Erkenntnisse in Frage, sondern auch die Raison d'Être der Institution Wissenschaft, nämlich Erkenntnis zu ermöglichen und valides, also im wissenschaftlichen Sinne wahres Wissen zu generieren. Erkenntnis und Lehre wurden zwar seit der Antike auch ohne Universitäten praktiziert, Universitäten verfügen hier also nicht über ein Monopol oder können ein solches beanspruchen. Ihre Legitimation ist folglich stets vorläufig und muss beständig neu errungen werden. Doch die gegenwärtigen Anfeindungen stellen unzweifelhaft eine neue Qualität dar, die die Existenz der Institution Wissenschaft insgesamt gefährden könnten.

Hoffnungslos ruiniert? Ein erstes Fazit

In der Summe scheint das Pendel nach diesem ersten Rundgang also tatsächlich eher in Richtung hoffnungslosem Ruin auszuschlagen. Auf dem Weg von der verknöcherten, am postfaschistischen Staub der Talare erstickten Ordinarienuniversität vor 1968 über die ansatzweise demokratisierte Reformuniversität der 1970er Jahre präsentiert sich die Universität des Jahres 2023 als Institution auf der Schwelle zwischen gestern und heute. In Teilen immer noch Ordinarienuniversität und bürokratisch geführte nationalstaatliche Einrichtung, doch im Kern längst transformiert in eine globalisierte, hyperevaluierte und betriebsförmig gesteuerte Ausbildungsanstalt, in der die Residuen akademischer Selbstverwaltung mehr schlecht als recht mit gouvernementalen Regierungsweisen koexistieren. Eingeordnet auf das Dreigestirn von Effizienz, Elite und Evaluation, stellt sie dergestalt Output über Erkenntnis, Marktgängigkeit über Bildung, Exzellenz über Gerechtigkeit. Ein Modell mit eingebautem Verfallsdatum. Paradoxes „Ergebnis gesellschaftlicher Transformationen, die Altes als Neues erzeugen und hierbei ‚neofeudale' Muster in der Verteilung von Reichtum, Anerkennung und Macht produzieren", so die generelle gesellschaftstheoretische Diagnose des Soziologen Sighard Neckel, die auch auf die Universität und die wissenschaftlichen Produktionsverhältnisse zuzutreffen scheint.[45]

Eine Situation, die nicht zuletzt das Resultat der in den 1990er Jahren keimenden Exzellenz-Politiken ist, die Bill Readings - aus heutiger Sicht nahezu hellseherisch - weltweit auf die Universitäten zurollen sah. Diese Politiken, diagnostizierte Readings damals, würden die zweihundert Jahre zuvor von Wilhelm von Humboldt in Berlin realisierte moderne Forschungsuniversität, die auf für die damalige gesellschaftliche Situation bestechende Weise Forschung, Lehre und Bildung unter dem Dach des obrigkeitlichen Staates miteinander verbunden hatte, in managerial geführte Wissens-Unternehmen beschleunigen und den neuen Typus einer unternehmerisch agierenden Wissenschaftler*in hervorbringen.

In beidem sollte Readings Recht behalten. Wie wir in den folgenden Kapiteln sehen werden, haben die neoliberal inspirierten und im Geist von *New Public*

Management vorangetriebenen hochschulischen Reformen aber nicht nur die Universität und die akademische Arbeit substanziell verändert, sie haben darüber hinaus auch bereits bestehende vertikale Differenzierungen sowohl zwischen Hochschultypen als auch zwischen einzelnen Universitäten intensiviert und neue hierarchisierende Differenzierungen initiiert sowie neue Subjektivierungen generiert. Und sie haben schließlich hochschulintern auf alte Formen von Ungleichheit aufgesattelt und neue hervorgebracht.

2. Zwischen Humboldt und McKinsey. Universität im Umbruch

Bill Readings hatte den Universitäten Mitte der 1990er Jahre eine düstere Zukunft vorausgesagt. Eine entfesselte, marktgetriebene Entwicklung würde in der Tendenz zur Zerstörung der Universität, wie wir sie kannten, führen, hatte dieser mit Blick vor allem auf das US-amerikanische Universitätssystem geschrieben. Folgen wir der mit scharfer Klinge geführten Beweisführung Richard Halls ist diese hoffnungslose Zukunft drei Jahrzehnte später bereits hochschulische Wirklichkeit. Entsprechend unmissverständlich sein Urteil. Die Universität im 21. Jahrhundert sei zu einem Ort verkommen, der über die Reproduktion des Kapitals hinaus keine gesellschaftlich nützliche Rolle mehr spiele; ein antihumanes Projekt ohne Hoffnung, unfähig, sinnvoll auf Krisen zu reagieren, die aus den Widersprüchen des Kapitals erwachsen.[46]

Entfesselte Universität. Die Troika deutscher Hochschulreformen

Im Unterschied zu diesen unnachgiebig formulierten Einsprüchen geht es im deutschsprachigen hochschulpolitischen Diskurs vordergründig moderater, den neoliberalen, uns nach vorne treibenden Geistern dafür aber deutlich zugewandter zu. Mit Blick auf das deutsche Hochschulwesen hatte beispielsweise der Erziehungswissenschaftler und langjährige Präsident der Carl von Ossietzky-Universität Oldenburg, Michael Daxner, 1996 eine der Diagnose von Readings diametral entgegengesetzte Einschätzung vorgelegt.[47] Hatte dieser zu viel Dynamik und reformerischen Furor befürchtet, der die Universität von hinten bedränge und nach vorne treibe, um noch einmal Kafkas Bild zu bemühen, monierte Daxner, dass es den deutschen Universitäten gerade an Dynamik und Reformwille mangele. Zu viele Kräfte würden sie zurückhalten und in die Vergangenheit zurückdrängen. Die Universitäten steckten in einer blockierten Situation fest, schrieb Daxner am Ende des 20. Jahrhunderts. Und diese Blockade, die Daxner auch als Ergebnis der Verweigerungshaltung der Hochschulen ansah, einen Ausgang aus selbst verschuldeter Unmündigkeit zu suchen, müsse dringend aufgelöst werden, wollten die Universitäten auch in Zukunft Bestand haben.

Im deutschsprachigen Raum gehörte Daxner zusammen mit Peter Glotz und dem Sozialökonom Detlef Müller-Böling, langjähriger Rektor der Universität Dortmund und zwischen 1994 und 2008 Direktor des CHE in Gütersloh, zu den ersten, die für eine neue Idee hochschulischer Autonomie warben: eben jenes laut Readings sich international zum damaligen Zeitpunkt zwar bereits klar abzeichnende, von diesem jedoch kritisch beäugte Modell unternehmerischer Autonomie. Ganz anders dagegen Daxner, Glotz und Müller-Böling, die deutsche Troika der neoliberalen hochschulischen Reformagenda. Alle drei waren überzeugt davon, dass Universitäten Unternehmen werden müssten, um wirklich autonom zu sein. Sie setzten daher große Hoffnungen in deren marktkonformen Umbau. Forschung, Lehre und Bildung, so ihre Überzeugung, müssten im 21. Jahrhundert anders als zu Humboldts Zeiten miteinander verbunden werden. Denn jener Humboldt'sche Deal, in dem der Staat sich für die Freiheit von Forschung und Lehre verbürgte und im Gegenzug die Universität die Ausbildung seiner zukünftigen Staatsbeamten sowie die Bildung der (männlichen, autochthonen) Jugend zu loyalen Staatsbürgern garantierte, tauge im globalen Zeitalter, in dem die Hochschulen vor anderen Herausforderungen stünden, nicht mehr. Es ginge zwar nicht, wiegelte Müller-Böling vermeintlich feinsinnig in seiner Schrift *Die entfesselte Hochschule* ab, um die „Zelebrierung von Humboldts Tod, um ein frivoles Verändern ohne historischen Tiefgang und ohne Besinnung auf das, was die Universität in der deutschen Tradition im Kern" bedeute. Doch „angesichts der Veränderungen und Herausforderungen einer wissenschaftsbasierten Gesellschaft am Beginn des 21. Jahrhunderts", fährt er unheildrohend fort, bedürften die Hochschulen dringend der Entfesselung.[48]

Mit Vehemenz argumentierte die Troika deshalb, die Universitäten, deren Gegenwart und Zukunft zwar weiterhin eine staatliche, zumindest, so Müller-Böling, „eine (überwiegend) staatlich finanzierte", aber eben nicht mehr eine nationale sei, müssten sich aus eben diesem nationalen Korsett lösen, sich vom Staat emanzipieren und aus der Unterordnung unter diesen befreit werden. Geistige Mittelmäßigkeit und fehlender Mut zur Gestaltung der Universität hätten diese ohnehin schon viel zu lange zurückgehalten und erstarren lassen, ließ Glotz barsch verlauten.[49] Erst wenn Hochschulen und Universitäten, so wiederum Daxner, selbst als „Akteure sowohl im Markt als auch jenseits desselben" agieren und „als gleichberechtigte Verhandlungspartner an der Festlegung ihrer Leistungsverträge mitwirken" könnten, wäre Wissenschaftsfreiheit nicht nur eine Verfassungsnorm, sondern hochschulische Wirklichkeit. Eine unternehmerisch verstandene „Hochschulautonomie" sei daher nachgerade die „institutionelle Bedingung“ für Wissenschaftsfreiheit. Die Universitäten und Hochschulen könnten und dürften nicht länger „staatliche Einrichtungen sein“, so Daxners abschließendes Fazit. Und das hieß am Ausgang des 20. Jahrhunderts für ihn: Ohne Personalhoheit einschließlich Berufungsrecht und hochschuleigene Tarifverträge, ohne die Chance, mit dem Curriculum im Wettbewerb mit anderen Hochschulen um Studierende werben zu können, ohne das Recht, die Organisation der Wissenschaft und die Organisation der Hochschule selbstbestimmt aufeinander zu beziehen, ohne hochschulische Finanzhoheit, keine Wissenschaftsfreiheit.[50] Wenngleich Daxner letztlich die Begründung schuldig blieb, wie der Zusammenhang zwischen Wettbewerb und wissenschaftlicher Freiheit genau aussieht, war der wettbewerbliche Geist damit endgültig aus der Flasche gelassen.

Nicht viel anders sahen die Therapien aus, die Glotz und Müller-Böling ersannen, um die Universitäten aus der von Glotz als „hausgemacht“ eingestuften Strukturkrise herauszuführen. Fast alles, was diese Troika damals für das deutsche Hochschulwesen vorschlug, ist mittlerweile nicht nur in Deutschland und Österreich, sondern in unterschiedlichen Varianten europaweit umgesetzt.[51] Im Rückblick lässt sich daher vielleicht deutlicher als zum damaligen Zeitpunkt erkennen, wie sehr diese drei weniger individuelle Visionäre waren als dass sie für eine Umgestaltung der Hochschulen stritten, die im Einklang mit europaweit vorangetriebenen Governance-Reformen im Bereich der tertiären Bildung stand – Reformen, die vor allem das Ziel hatten, das „intellektuelle Potenzial Europas“[52] zu wecken und so dessen globale Wettbewerbsfähigkeit zu stärken.

Die wesentlichen Elemente dieser europaweit vorangetriebenen und eben auch von Daxner, Glotz und

Müller-Böling forcierten Reformen finden wir, wie gesagt, in national zwar durchaus divergierenden Varianten heute in jedem europäischen Land: Vertraglich geregelte staatliche Ziel- und Prozesssteuerung statt Ex-ante-Steuerung und Aufsichtsprinzip oder aber teils willkürlich erscheinende Hybride aus vertraglicher und hoheitlicher Steuerung, erweiterte Handlungskompetenzen der Hochschulleitungen und Dekanate, Professionalisierung der Leitungsebene, Hochschulräte und Kuratorien mit weitreichender Governance-Kompetenz, flexibilisierte Globalhaushalte, kennziffernbasierte Leistungsmessung bei der internen Budgetierung und der Besoldung, wettbewerbliche Vergabe der Drittmittel, Internationalisierung (Rekrutierung von Studierenden und Personal, strategische hochschulische Partnerschaften) und, schließlich, die beständige Evaluation und Optimierung ausnahmslos aller hochschulischen Prozesse.

Große Transformation

Der wesentliche Modus hochschulischer Transformation ist dabei immer das Prinzip Wettbewerb, sowohl für die Außensteuerung der Hochschulen wie für die Steuerung der inneruniversitären Prozesse. Wir können diese Umgestaltung der akademischen Institutionen als eine „große Transformation" verstehen, da es sich um nicht weniger als die globale Neuerfindung der Universität als unternehmerische Einheit handelt.[53] Mit dieser Diagnose schließen wir lose an die Analysen des Ökonomen und Historikers Karl Polanyi[54] an, der in den 1940er Jahren bekanntlich die Herausbildung moderner Marktgesellschaften als *great transformation* beschrieben hat. Die zentralen Kennzeichen dieser Transformation waren die parallele Ausbildung von

Marktwirtschaften und Nationalstaaten und, vor allem, eine immer stärker werdende Marktorientierung sowie die Verselbstständigung der Wirtschaft gegenüber der Gesellschaft.

Die im frühen 19. Jahrhundert zunächst in Europa entstandene moderne Forschungsuniversität, deren Zukunft Bill Readings in so düsteren Farben beschrieben hat und die Hall zufolge jetzt an ihr Ende gekommen ist, ist Teil jener Umgestaltung feudaler Staaten zu modernen, bürokratisch verwalteten Gemeinwesen. Die Universität wurde erst durch diese Transformation möglich und hatte zugleich wesentlichen Anteil an ihr, namentlich durch die auf den Nationalstaat und die Herausbildung nationaler Kulturen bezogenen Funktionen der Universität. Die Universität, wie wir sie kannten, war ein nationales Unternehmen, ermöglicht und zugleich begrenzt durch zwei parallele Entwicklungen: Ein spezifischer Vertrag zwischen Staat und Wissenschaft garantierte Letzterer im Gegenzug zur Mitarbeit am Aufbau der nationalen Kultur und Identität akademische Freiheit; die spezifische Binnenorganisation der modernen Universität, die dialektische Einheit von Forschung und Lehre, war das Fundament für Innovation und Leistungsfähigkeit.

Beides wird durch die unternehmerisch werdende Universität tendenziell außer Kraft gesetzt. Der Staat braucht die Universitäten weniger für die nationalen Aufgaben als für die Sicherung seiner globalen Wettbewerbsfähigkeit. Die vorrangige Aufgabe der Universität ist daher, wie wir bereits gesehen haben, nicht länger die Produktion guter Bürger, sondern die Sicherung genau dieser Wettbewerbsfähigkeit. Ihre *Spiritus Rectores* sind längst nicht mehr Wilhelm von Humboldt und Johann Gottlieb Fichte. Damit erodiert indes weitgehend unbemerkt auch die Idee akademischer Freiheit, denn die Universität soll jetzt liefern, was der Markt verlangt.

Um es kurz zu rekapitulieren: Die hochschulische große Transformation betrifft im Wesentlichen erstens die Reformulierung des Verhältnisses von Staat und Hochschulen, zweitens die vermarktlichte, manageriale Ausgestaltung von Forschung, Lehre und hochschulischer Verwaltung sowie schließlich drittens die Etablierung wettbewerblicher Konkurrenzverhältnisse zwischen den Wissenschaftler*innen, zwischen Fakultäten und Fachbereichen, zwischen Hochschulen und zwischen (nationalen) Universitätssystemen. In einem politischen Kontext, in dem seitens des Staates die Steuerung der Hochschulen auf einen supervisorischen Regulierungsmodus mittels Zielvereinbarungen, Verträgen und wettbewerbsorientierter Mittelvergabe umgestellt wird, müssen sich die Hochschulen in einem zusehends wettbewerbsökonomisch strukturierten Umfeld bewegen und sehen sich gezwungen, betriebswirtschaftliche Methoden der hierarchischen Führung anzuwenden respektive generell ihre Organisationsentwicklung an Managementprinzipien zu orientieren. Dazu gehört, elementare Dimensionen wissenschaftlicher Praxis, wie die Kriterien der Leistungs- und Erfolgsmessung, die Beurteilung von Forschungsgegenständen oder die Entwicklung und Legitimation ihrer theoretischen Grundlagen, umfassenden metrisierenden Verfahren zu unterziehen und sich einer verstärkten intermediären Kontrolle durch Hochschulräte, Evaluationsagenturen oder eigens eingerichteten internationalen Berater*innengremien zu unterwerfen. Standardisierte Leistungsmessung, die Herstellung einer Organisationsidentität (Leitbild), die Einführung hierarchischer Entscheidungsstrukturen, die verstärkte Nutzung externer Beratung sowie die Professionalisierung des Wissenschaftsmanagements sind die Merkmale, die den Umbau der Universitäten in wettbewerblich handelnde Akteure kennzeichnen, so der Hochschulforscher Georg Krücken.[55]

Die Universität wird also immer mehr auf die Seite des Marktes gezogen, allerdings ohne sie aus der staatlichen Aufsicht zu entlassen. Sie wandelt sich, wie die niederländischen Hochschulforscher Jan Masschelein und Maarten Simons beobachten, von einer *Institution,* deren Sinn Bildung durch Forschung ist und die anhand ihrer Übereinstimmung mit eben diesem Sinn beurteilt wird, zu einer Output-orientierten *Organisation,* die allem und jedem unter dem Gesichtspunkt der Ressource begegnet und „die sich selbst als Teil eines Wettbewerbsumfelds sehen und sich auf ihre unternehmerischen Möglichkeiten konzentrieren soll, um produktiven Gebrauch von ihren Ressourcen zu machen und einen Bedarf zu decken".[56] Gefordert wird daher von der Universität und allen ihren Angehörigen, sich räumlich in einem je zu definierenden Umfeld zu positionieren, sich „dauerhaft am Bedarf auszurichten" und dabei „mit begrenzten Ressourcen" auszukommen, weshalb „eine unternehmerische Haltung und Kreativität zu essentiellen Qualitäten" nicht nur von Hochschulen, sondern auch der einzelnen Wissenschaftler*innen werden.[57]

Mit dem Soziologen Rudolf Stichweh können wir diese Entwicklung beschreiben als eine, mit der zu den drei „klassischen Kontexten der funktionalen Anlehnung und der Fremdkontrolle der Universität (Kirche/Religion, Staat, Wissenschaft) die Wirtschaft als ein vierter Anlehnungskontext hinzu" tritt.[58] Eine Entwicklung, die Stichweh zufolge bereits zu Beginn des 20. Jahrhunderts einsetzte, durch die gegen Ende der 1970er Jahre einsetzende Verallgemeinerung des Marktprinzips allerdings enorm beschleunigt wurde. Stichweh weist zwar zu Recht darauf hin, dass es im

Zuge dieser Entwicklung nie zu „Formen der Kontrolle der Universität" durch die Wirtschaft gekommen sei, die jenen der „zeitweise engen Anlehnung der Universität an Kirche und Staat geglichen hätten", die Führung und Gestaltung der Universität könne in Folge dieser veränderten Anlehnung gleichwohl jetzt auch als unternehmerisches Geschehen gedeutet werden. Ziel universitärer Bildung ist dann nicht mehr die Erziehung zur Mündigkeit als Staatsbürger*in, sie dient vielmehr der Herausbildung von wettbewerbsfähigem Humankapital; Forschung orientiert sich nicht allein an Erkenntnisgewinn, sondern an (sozial-)technologischer Relevanz, ökonomischer Rentabilität und Vermarktbarkeit (Patente); akademische Leistung wird nicht länger über wissenschaftliches Renommee eruiert, sondern über die Summe der eingeworbenen Drittmittel.

Die „große Transformation" betrifft allerdings nicht nur den Umbau der hochschulischen Einrichtungen, sie erfasst auch die wissenschaftlichen Subjekte. Es ist die neoliberal gewandete Figur des *Homo oeconomicus*, der Nutzen kalkulierende Unternehmer seiner selbst, die zunehmend den *Homo academicus*, den (männlichen) Bürger der alten *civitas academia* ersetzt. Denn was alle, Hochschullehrende wie Studierende gleichermaßen, heute zu verstehen haben, ist, ihr wissenschaftliches Leben als einen „Produktionsprozess" aufzufassen, den sie, so Masschelein und Simons, „in Hinblick auf größtmögliche Innovation und Leistung managen können und müssen".[59]

Zur unternehmerischen Universität gehört deshalb auch die imperativ das Handeln der Subjekte anleitete „Management-Maxime: erneuern und Leistung erbringen", „Innovationslücken" finden und „Leistungsniveaus" anheben.[60] Innerhalb der „unternehmerischen akademischen Welt" zirkuliert so deutlich vernehm- und nicht ignorierbar „eine klare und drängende Botschaft: Vergleiche dich, sei besser als die anderen, erhöhe deine Leistung, das heißt erhöhe deinen Output durch effizienteren Einsatz der Ressourcen oder, anders gesagt, optimiere das Input-Output-Verhältnis“.[61]

Wendy Brown hat diesen Imperativ als das zentrale Kennzeichen der „schleichenden“, die Demokratie und ihre Institutionen - wozu auch die Universität gehört - aushöhlenden „neoliberalen Revolution“ ausgemacht. Denn in „dem Maße, wie sich eine normative Ordnung der Vernunft über drei Jahrzehnte hinweg zu einer weit und tief verbreiteten Regierungsrationalität entwickelte“, habe „der Neoliberalismus jeden Bereich und jedes Unterfangen des Menschen gemeinsam mit den Menschen selbst gemäß einem bestimmten Bild des Ökonomischen“ verwandelt. Jedes Verhalten sei demgemäß „ökonomisches Verhalten“; alle Bereiche des Lebens würden „in ökonomischen Begriffen und Metriken erfasst und gemessen, auch wenn diese Bereiche nicht direkt monetarisiert“ würden. „Innerhalb der neoliberalen Vernunft und in den Bereichen, die von ihr beherrscht werden, sind wir bloß noch und überall Exemplare des *Homo oeconomicus*, der selbst eine historisch spezifische Form hat“: ein „sorgfältig konstruiertes und reguliertes Stück Humankapital, das die Aufgabe hat, seine Position im Wettbewerb zu verbessern und wirksam einzusetzen sowie seinen (monetären und nichtmonetären) Bestandswert über all seine Bemühungen und Schauplätze hinweg zu fördern“.[62]

Hybride Modernisierung

Kehren wir an dieser Stelle noch einmal zur Troika Daxner/Glotz/Müller-Böling zurück. Denn sie blieben nicht unwidersprochen. In Teilen zwar wenigstens implizit an deren Diagnose der universitären Blockade und Reformunwilligkeit anschließend, doch insgesamt deutlich weniger alarmistisch bilanzierten beispielsweise Erhard Stölting und Uwe Schimank in einem 2001 erschienenen Sonderheft der Zeitschrift *Leviathan* die „Krise der Universitäten".[63] Zwar konstatiert auch Schimank[64] in seinem Beitrag, ein „betriebsamer Stillstand" und eine „teuflische Mischung aus zunehmendem Zielwirrwarr und fortbestehenden Entscheidungsblockaden" habe sich über den deutschen Universitäten zusammengebraut, doch Krise, so lakonisch die beiden Soziologen in der Einleitung, sei aufs Ganze gesehen gewissermaßen seit jeher der hochschulische Normalzustand. Es käme daher vor allem darauf an, sorgsam zwischen Krisengerede auf der einen Seite und tatsächlichen, empirisch belegbaren, hochschulischen Funktionsdefiziten auf der anderen Seite zu unterscheiden. Nur eine solch nüchterne und nicht von politischen Interessen geleitete Analyse könne sowohl Antworten liefern, was hochschulisch tatsächlich der Fall ist, als auch die Frage beantworten, welche Universität heute gebraucht werde. Wieviel Humboldt und wieviel McKinsey, mit anderen Worten, also in ihr stecken darf und soll.

Stöltings und Schimanks Plädoyer für Maß und Mitte in Sachen hochschulischer Reformen sollte freilich weitgehend ungehört verhallen. Wie wir schon dargestellt haben, folgte seit Beginn des Jahrtausends in atemlos machendem Tempo Reform auf Reform, die Wissenschaft und Hochschulen wiederholt umkrempelten, ohne dass die universitären Produktionsverhältnisse grundlegend zum Besseren verändert worden wären, im Gegenteil. Die „hybridale Modernisierung", ein Begriff des Soziologen Richard Münch, also die Amalgamierung alter Regeln und Routinen mit neuen Steuerungsprinzipien, hat auf paradoxe Weise alte, ordinarial agierende Mächte gestärkt und zugleich neue, managerial agierende Mächte auf den Plan gerufen. So seien „weder die alten noch die neuen Ziele erreicht“ worden, konstatiert Münch zehn Jahre nach Stölting/Schimank, am Ende der ersten Dekade dieses Jahrtausends, ernüchtert.[65]

Und in der Tat: Statt die Universitäten besser, demokratischer, inklusiver zu machen, statt verlässliche Bedingungen für planbare wissenschaftliche Karrieren zu schaffen, statt Exzellenz durch gerechte Partizipation und Diversität - ihrer Mitglieder und den von diesen verfolgten Erkenntnisperspektiven - zu erreichen, hat sich im Inneren der Universität ein selbstbezüglicher, entleerter Begriff von wissenschaftlicher Leistung und ein nahezu mythischer Glaube an das Prinzip Wettbewerb und die richtende Kraft des Marktes herausgebildet. Die in jenen Reformen geschmiedete „fatale Allianz“ zwischen Humboldt und McKinsey habe, so noch einmal Münch, dergestalt eine desaströse Dynamik der „Umwandlung von Universitäten in Quasiunternehmen“ in Gang gesetzt und einen „zirkulären Prozess der Akkumulation von monetärem und symbolischem Kapitel“ ausgelöst, „der sich selbstreferenziell, d.h. unabhängig von dadurch verursachten Produktivitätsverlusten“ durchsetze.[66]

Matthäus und Mathilda.
Leistungslose Vorteile und neofeudale Ungleichheiten

Es herrscht, mit anderen Worten, weiterhin das zwar schon aus der alten Ordinarien-Universität bekannte, heute aber marktkonform neu ausgerichtete „Matthäus-Prinzip“, das der Wissenschaftssoziologe Robert Merton lakonisch knapp wie folgt beschrieben hat: Wer hat, dem wird gegeben.[67] Übersetzt in die Sprache der Exzellenz-Universität: Exzellent ist, wem Exzellenz bescheinigt wird. Und bescheinigt wird sie wiederum jenen, denen sie bereits zugeschrieben wurde – und die die Chance hatten, akademische Marktgewinne zu realisieren: Publikationen in High-Impact-Journals und prestigeträchtigen akademischen Verlagen, Zitationen, Preise, Ehrungen, Akademie-Mitgliedschaften. Und das wiederum ist genau jener Mechanismus, den Sighard Neckel als generelles Signum der „Gesellschaften der Gegenwart" beschrieben hat. Im marktradikalen Kapitalismus, auf dessen Vorderbühne vorgeblich noch immer meritokratische Normen gelten, also Leistung unabhängig von Ansehen, Status, Geschlecht oder Herkunft der Person honoriert wird, hätten wir es heute „vielfach mit leistungslosen Vorteilen zu tun", so Neckels Argument.[68] Nicht Leistung, sondern neofeudale Muster steuerten die Verteilung von Anerkennung und Macht. Wissenschaftliche Reputation, so wiederum Robert Merton, bleibt an der Person und nicht an der wissenschaftlichen Leistung haften. In der Folge würden Personen mit hoher Reputation auch Leistungen zugesprochen, die sie nicht erbracht haben, während Personen mit geringerem Ansehen auch bei gleicher Leistung die Anerkennung versagt bleibe.[69] Dieses Prinzip der Erzielung leistungsloser Gewinne wird zudem konterkariert und zugleich gestützt durch den von der Wissenschaftsforscherin Margaret W. Rossiter schon in den frühen 1990er Jahren beschriebenen „Matthew-Matilda-Effekt": Die Leistungen von Wissenschaftlerinnen fänden auch bei gleicher Qualität weniger Beachtung als jene ihrer Kollegen.[70] Sie werden seltener zitiert, seltener in prestigeträchtige Funktionen und Ämter berufen, seltener für Preise vorgeschlagen und mit diesen ausgezeichnet – die spezifisch akademische Variante eines Gender-Gap.

Eine unlängst in *Nature* veröffentlichte US-amerikanische Studie hat bald dreißig Jahre nach Rossiter deren Befunde noch einmal eindrucksvoll bestätigt. Basierend auf einem dreiteiligen Datensatz - Verwaltungsdaten US-amerikanischer Universitäten zur Zusammensetzung von Forschungsteams, den wissenschaftlichen Output der Teams und der dafür jeweils zuteil gewordenen Anerkennung, Daten einer repräsentativen Befragung der Autor*innen sowie qualitative Interviewdaten - fanden die Forscher*innen heraus, dass die an den Projekten beteiligten Wissenschaftlerinnen signifikant seltener als Autorinnen der Publikationen des Projekts genannt wurden als ihre männlichen Kollegen. Es gäbe unabhängig vom Forschungsgebiet und der Karrierestufe eine deutliche und anhaltende Kluft zwischen der Häufigkeit, mit der Frauen und Männer als Co-Autor*innen der jeweiligen Projektveröffentlichungen genannt würden. Dies treffe in noch höherem Maße für die aus den Projekten hervorgegangenen Patente zu. Zumindest ein Teil der beobachteten geschlechtsbezogenen Differenzen in der wissenschaftlichen Leistung seien daher mit hoher Wahrscheinlichkeit nicht auf Unterschiede in der Produktivität oder Qualität der Publikationen zurückzuführen, sondern auf geschlechtlich bedingte Disparitäten in der Zurechnung von Leistung.[71]

Das Prinzip Wettbewerb: Risiken und Nebenwirkungen

Münchs bald 15 Jahre alte Diagnose der desaströsen Effekte wettbewerblicher Prinzipien scheint sich also bewahrheitet zu haben. Auch die jüngsten Empfehlungen des deutschen Wissenschaftsrats (WR) für die Ausgestaltung von Studium und Lehre vom April 2022 scheinen jener Diagnose wenigstens implizit Recht zu geben. Mehr oder minder deutlich fordert der WR hier eine Abkehr von jenen unternehmerischen Imperativen sowie den evaluativen, kennzifferbasierten und an Effizienz orientierten Dogmen, die in den vergangenen beiden Dekaden hochschulisch handlungsleitend gewesen sind. Das ist insofern überraschend, als der WR über viele Jahre selbst für mehr Wettbewerb und Monitoring plädiert hatte. In seinen Empfehlungen zur Qualitätsverbesserung von Lehre und Studium von 2008 hatte er beispielsweise den Aufbau eines von möglichst allen akademischen Statusgruppen getragenen Qualitätsmanagements empfohlen, das „als strategisches Steuerungsinstrument der Hochschulleitung die Stetigkeit eines definierten Leistungsniveaus sichern, Veränderungsprozesse fördern und mögliche Fehlentwicklungen frühzeitig identifizieren“ helfe.[72]

Resigniert konstatiert der WR dagegen 2022, der in solchen Governance-Formen und -Praktiken aufscheinende Wille zum Wettbewerb habe zu einer „allgemeinen Grundstimmung der Überlastung“ geführt. Vom „Instrument Wettbewerb“ sollte daher „zukünftig deutlich sparsamer und gezielter Gebrauch“ gemacht und Prioritäten stärker an Qualität statt Quantität ausgerichtet werden.[73] In „Lehre und Studium“ müsse „von Wissen akkumulierenden und reproduzierenden Formaten hin zu intensiverer Reflexion, intellektueller Eigenständigkeit und Handlungsfähigkeit umgesteuert werden“. Innerhalb der Hochschulen müsse zudem eine Neuorientierung stattfinden, weg „von vorgabenorientierten, vereinheitlichenden und formalisierten Verfahren, hin zu Gestaltungsspielräumen, lernenden und gemeinschaftlichen Prozessen“. Und schließlich müsse auf der Ebene des Hochschulsystems ein Wechsel eingeleitet werden von „einander überlagernden alten und neuen Regelungssystemen hin zu flexiblen

Steuerungsinstrumenten und ermöglichenden Finanzierungsmechanismen".[74]

Zwischen Markt, Staat und Wissenschaft. Ein zweites Fazit

Nun geben diese wenigen Schlaglichter auf die hochschulpolitische Debattenlage der ersten beiden Dekaden des neuen Jahrtausends selbstredend kein vollständiges Bild ab. Was sie bei aller Unvollständigkeit dennoch verdeutlichen, ist, dass Universität und Wissenschaft immer eingebettet sind in einen gleichermaßen fragilen wie dynamisch sich entwickelnden gesellschaftlichen Zusammenhang, in dem sich ihre „Anlehnungskontexte"[75] wandeln und ihr Selbstverständnis, ihr gesellschaftlicher Auftrag und ihr Modus Operandi prinzipiell zur Verhandlung stehen. Wissenschaft, wir haben bereits darauf hingewiesen, ist eine gesellschaftliche Veranstaltung: eine Institution, die sich seit dem 19. Jahrhundert ausgedehnt und verfestigt hat, immer mehr zum Gegenstand besonderer administrativ-politischer Regelungen wurde und in unterschiedlichen Weisen in Praxiszusammenhänge integriert ist. Die Universität ist aber auch eine Einrichtung *in der* Gesellschaft, die, so Rudolf Stichweh, zugleich eine Einrichtung *der* Gesellschaft ist, die in „alle Bereiche der Gesellschaft hineinzuwirken versucht", zugleich jedoch „von allen gesellschaftlichen Kommunikationsbereichen unabhängig sein muss". In einer Konstellation, die die feministische Theoretikerin Gudrun-Axeli Knapp als „Zusammenhang von Verwissenschaftlichung, Modernisierung von Herrschaft und Verwaltung, zunehmender funktionaler Spezialisierung, ökonomischer Expansion und Rationalisierung" beschreibt, steht die Universität „seit jeher unter der unauflösbaren Spannung, strukturell abhängig von Staat und Wirtschaft, gleichzeitig aber ihrer inhaltlichen Bestimmung nach auf Freiheit von sachfremden Zwecksetzungen angewiesen zu sein".[76]

Das Ringen der Universitäten um ihre gesellschaftliche Bestimmung sowie um das Maß und die Form ihrer Autonomie - und das heißt auch ihre jeweilige Nähe zu Markt und Staat - ist also nicht neu. Neu aber ist sicherlich sowohl die Vielzahl nationaler, supranationaler, privatwirtschaftlicher und zivilgesellschaftlicher Akteure als auch der Institution Wissenschaft im Prinzip sachfremder Regeln, Routinen, Steuerungsmechanismen und Zwecksetzungen, die das System Hochschule als solches gestalten und in die Gestaltung des Innenlebens von Hochschulen und Universitäten eingreifen. Und das heißt auch, Chancengleichheit und Freiheit von Diskriminierung sind keine Selbstläufer, sondern in diesem dichten und widersprüchlich verfugten Geflecht beständig neu zu erringende Möglichkeitsbedingungen für die Universität der Vielen.

3. Die ungleiche Universität

Was „faul" ist im sozialen Gefüge der akademischen Einrichtungen, ist meist nicht umstandslos zu erkennen. Erzählt die Universität beispielsweise ihre eigene Geschichte, steht häufig das Narrativ der fortschreitenden Öffnung und demokratischen Modernisierung im Vordergrund. Diese Erzählung geht so: Waren Studium und eine akademische Karriere noch bis weit ins 20. Jahrhundert hinein im Wesentlichen dem *weißen* männlichen Bürgertum vorbehalten, wandelte sich das Bild besonders im letzten Drittel des Jahrhunderts. In Deutschland (West) und in Österreich ermöglichten die Bildungsoffensiven der 1960er und zahlreiche universitäre Neugründungen in den 1970er Jahren breiteren Bevölkerungsschichten den Zugang zu höherer Bildung und damit potentiell auch zu Karrieren in der Wissenschaft. Das Gruppenbild mit Dame wurde seltener, Kinder aus proletarischen Familien fanden einen Weg in die Hochschulen, beides nährte die Hoffnung auf Bildungsgerechtigkeit und Gleichheit. Vereinzelt sollte die sprichwörtlich gewordene Adressatin der bildungspolitischen Offensiven jener Jahre, die bis dahin von höherer Bildung nahezu vollständig ausgeschlossene „katholische Arbeitertochter vom Land"[77], Jahrzehnte später sogar auf einer Professur angekommen sein.[78]

Zutreffend an dieser Geschichte ist, dass insgesamt deutlich mehr Menschen Zugang zu hochschulischer Bildung erhalten haben. Der akademische Demos ist in Folge dieser Öffnung heute ein gänzlich anderer als noch zu Beginn der 1960er Jahre. Nahmen zum damaligen Zeitpunkt in der alten Bundesrepublik nur rund 6 Prozent einer Jahrgangskohorte ein Studium auf, strömt heute mehr als die Hälfte eines Jahrgangs in die Universitäten und Hochschulen. In der DDR war hochschulische Bildung Zeit ihres Bestehens eine exklusive Angelegenheit. 1960 studierten rund 225.000 junge Leute an ostdeutschen Universitäten und Fachhochschulen, bis 1989 sollte diese Zahl nur geringfügig auf rund 284.000 ansteigen. Im Durchschnitt studierten damit zu jedem Zeitpunkt weniger als 2 Prozent der Bevölkerung der DDR. Ohnehin galt die Vorgabe, dass nur 10 Prozent eines Jahrgangs die Schule mit dem Abitur abschließen sollten. In Österreich wiederum ähnelt die Situation der in der alten Bundesrepublik. 1960 sind nur rund 38.000 Personen an den staatlichen Universitäten eingeschrieben - 29.000 von ihnen männlichen Geschlechts. Im Studienjahr 2020/21 zählen die österreichischen Universitäten hingegen fast acht Mal so viele Studierende, nämlich 290.000, davon sind ungefähr die Hälfte weiblich gelesene Personen.[79]

Dass inzwischen mehr Frauen als Männer ein Studium beginnen, sie auch bei den Abschlüssen vorne liegen und fast jede zweite Promotion von einer Wissenschaftlerin verfasst wird, haben wir bereits im ersten Kapitel angesprochen. Auch beim wissenschaftlichen Personal finden wir - bei den Professuren allerdings nur bis zu dieser gut bewehrten Grenze von rund 30 Prozent - immer mehr Wissenschaftlerinnen. Die Hochschulen sind also vielleicht vor allem weiblicher geworden. Doch sind sie auch hinsichtlich der Inklusion anderer Gruppen und Klassen, die historisch von den Universitäten ferngehalten wurden, gerechter geworden? Wie sind die Chancen des Jungen mit

Migrationshintergrund, der in der Bildungsforschung längst die katholische Arbeitertochter abgelöst hat, auf eine akademische Laufbahn? Und wie ist es im Inneren der Hochschulen um faire Bedingungen und gleiche Chancen bestellt? Welche Rolle spielen hier Geschlecht und Klasse, institutioneller Rassismus und Ableismus, Homo- und Transfeindlichkeit? Kurz: Wer studiert, lehrt und forscht? Und wer putzt und bewacht die Eingänge? Danach fragen wir in diesem Kapitel.

Die Illusion der Chancengleichheit

Bildungs- und Wissenschaftspolitik reklamieren die Öffnung der Hochschulen als ihren Erfolg und auch die Universitäten zeigen sich, wie gesagt, gerne von ihrer demokratischen Seite. Sie präsentieren sich als weltoffene Einrichtungen, die, vom Staub traditioneller Standesdünkel und Stereotypisierungen befreit und ausschließlich meritokratischen Normen verpflichtet, ohne Ansehen der Person Leistung honorieren. Gute Bildung, exzellente Forschung, globaler Wissenstransfer und die Förderung von Talenten, das sind die Ziele, die Universitäten als die ihren behaupten. Weder Geschlecht noch Klasse, Hautfarbe oder Herkunft sind Unterschiede, die einen Unterschied machen. Daran glauben Wissenschaft und Universität – tatsächlich. In der strategischen Außendarstellung wird entsprechend die „Schauseite der Organisation" in den Vordergrund gerückt.[80] Universitäre Homepages, Imagefilme und -broschüren zeigen eine geschönte Realität der Organisation, in der eine sorgfältig gecastete und divers zusammengesetzte Studierendenschaft in ansprechend gestalteter akademischer Umgebung freudig gestimmt und optimistisch in die Zukunft blickt. Von Barrieren und Hindernissen keine Spur.

In den hoch aufgelösten Stockfotografien universitärer Homepages ist jedenfalls von den paradoxen und oft vielleicht auch unbeabsichtigten Nebenwirkungen hochschulischer Reformen, die im Ergebnis die Muster von Privilegierung und Diskriminierung zwar teilweise umgeschrieben und einige Ungleichheiten beseitigt haben, dafür aber andere fortschrieben und neue hervorbrachten, nichts zu sehen. Strukturell bedingte Ungleichheiten und intersektional organisierte, institutionelle Diskriminierung, Veränderungsresistenz, Abhängigkeiten und Machtmissbrauch sowie Unsicherheit und Prekarität gehören längst nicht der Vergangenheit an. Sie sind auch und vielleicht gerade in der projektförmig reorganisierten, auf Effizienz und schlanke Strukturen getrimmten und immer kürzeren Zeittakten unterworfenen akademischen Polis Teil des inakzeptablen Innenlebens der Universität.[81] Auch der ewige Nachholbedarf sowohl bei der Herstellung gleicher Zugangschancen zum Studium wie bei der Gewährleistung gleicher und diskriminierungsfreier Studienbedingungen für alle lässt auf ein nachhaltiges Problem der Exklusion schließen. Schauen wir uns daher im nächsten Schritt noch einmal genauer an, wer den Weg in die Hochschulen findet und wem es gelingt, dort zu bestehen und warum.

Wer studiert?

Wir haben bereits angesprochen, dass in dem Maße, in dem westliche Gesellschaften bis weit in die 1980er Jahre insgesamt mehr soziale Mobilität nach oben ermöglichten, sich tendenziell auch die Hochschulen öffneten. Doch die Bildungsexpansion jener Jahre führte nur zu einer sozial höchst selektiven Verbesserung von Bildungschancen, einmal abgesehen davon, dass es mit

Blick auf den Innovationsrückstand in den westlichen Demokratien - der „Sputnikschock“[82] saß tief - auch in den Reformen der 1960er und 1970er Jahre mindestens ebenso sehr um die Hebung von „Begabungsreserven“ wie um die Herstellung von Gleichheit ging. Die absolute Zahl der Bildungsaufsteiger*innen ist daher im Zeitverlauf zwar gestiegen - weil von Generation zu Generation eben insgesamt mehr Menschen Zugang zu hochschulischer Bildung gewährt wurde. Zudem wurden mehr Frauen und bis dahin in der hochschulischen Bildung marginalisierte Klassenfraktionen aufgenommen, an den „asymmetrischen Klassenstellungen in der Sozialstruktur“ hat sich hingegen nichts wesentliches verändert, argumentiert neben anderen der Ungleichheitsforscher Mike Laufenberg.[83] Ein Mehr an Bildung hat die auch in der Universität existierenden und durch sie reproduzierten Klassenverhältnisse nicht ins Wanken gebracht, im Gegenteil. In vielerlei Hinsichten ist die Universität noch immer, was sie immer schon war: eine Einrichtung, in der die - heute etwas bunter zusammengesetzte - Elite unter sich bleibt. Mit Ulrich Beck gesprochen fuhren eine Weile zwar alle gemeinsam im Fahrstuhl eine Etage höher.[84] Doch der Fahrstuhl ist längst stillgelegt und auch die Rolltreppe kennt nur noch eine Richtung. Denn die fährt heute für viele eher nach unten als oben.[85] 1985 liegt der Anteil der „Arbeiterkinder“, also jene, deren Eltern maximal über einen beruflichen Abschluss verfügen, an den Studierenden westdeutscher Universitäten und Hochschulen bei sagenhaften 29 Prozent. Höher sollte er niemals sein. 2012 verbucht das Hochschul-Informations-System nur mehr neun Prozent für die, bildungsstatistisch gesprochen, „niedrige Herkunftsgruppe“.[86]

Von der Demokratisierung der hochschulischen Bildung haben also längst nicht alle profitiert. Entgegen anderslautender Behauptungen fanden vor allem jene einen Zugang zu hochschulischer Bildung, die schon vor der Bildungsexpansion den privilegierten Klassen angehörten, Kinder aus akademisch gebildeten Beamtenfamilien etwa oder die Kinder von Selbstständigen mit Abitur. Die sozialstrukturell ohnehin begünstigten Klassen sind, mit anderen Worten, die paradoxen Gewinner*innen der Bildungsdynamisierung in der sozialen Moderne. Sie hat von Jahr zu Jahr mehr von ihnen in die Hochschulen hineingezogen, so dass im Ergebnis die Kluft zwischen den akademisch gebildeten Klassenfraktionen auf der einen und den armutsgefährdeten, prekarisierten Klassenfraktionen auf der anderen Seite immer größer geworden ist.[87]

Für Deutschland weist aktuell ein Bericht des Stifterverbands für die Deutsche Wissenschaft und – ausgerechnet – der Unternehmensberatung McKinsey vom Herbst 2021 daher einmal mehr auf den enormen Nachholbedarf bei der Herstellung von Chancengleichheit und Bildungsgerechtigkeit hin.[88] Soziale Herkunft sei weiterhin generell enorm entscheidend für den Bildungserfolg, erst recht, was den Hochschulzugang anbelangt. In absoluten Zahlen ist der Anteil der First-Generation-Studierenden in den vergangenen Jahrzehnten zwar gestiegen, relativ gesehen ist er in Deutschland jedoch über die letzten drei Dekaden hinweg rückläufig. Laut der 21. Sozialerhebung des deutschen Studierendenwerks kamen im Sommersemester 2016 48 Prozent der Studierenden aus einem nichtakademischen Elternhaus, ein Minus von zwei Prozentpunkten gegenüber der 20. Sozialerhebung im Jahr 2012.[89] Nur 3 Prozent aller Studierenden stammen aus Familien, in denen kein Elternteil einen akademischen oder beruflichen Abschluss vorweisen kann. Während 2012 nur neun Prozent der Kinder aus Familien mit „niedriger Bildungsherkunft" studierten, kamen im selben Jahr 52 Prozent der Studierenden aus Elternhäusern mit mindestens einem Elternteil mit Hochschulabschluss. Auf die Gesamtbevölkerung bezogen sind diese damit an den Hochschulen deutlich überrepräsentiert, machen Akademiker*innen doch insgesamt weniger als zehn Prozent der Bevölkerung aus.

In der Gruppe der First Generation finden sich zudem viele Studierende entweder mit familiärem Migrationshintergrund oder mit eigener Migrations- oder gar Fluchtgeschichte. Sie stellen zwar immerhin rund ein Fünftel der Studierenden an deutschen Hochschulen, aber auch hier verzeichnet die Sozialerhebung von 2016 ein Minus von drei Prozent gegenüber der Erhebung von 2012. Ihr Anteil an der Gesamtzahl der Studierenden ist damit geringer als ihr Anteil an der Gesamtbevölkerung in den relevanten Altersgruppen, der bei circa 35 Prozent liegt.[90] Der Weg an die Hochschule ist für diese Gruppe also noch steiniger als für ihre autochthonen Altersgenoss*innen aus sozialstrukturell vergleichbaren Milieus. Und dies trifft wiederum besonders auf jene zu, deren Eltern oder Großeltern einst aus der Türkei, aus Italien, Spanien, Portugal oder Jugoslawien als „Gastarbeiter*innen" (Deutschland West, Österreich) oder aus Vietnam als „Vertragsarbeiter*innen" (Deutschland Ost) ins Land geholt wurden und auf jene, die teilweise seit Jahrzehnten und in der zweiten und dritten Generation mit unklarem Aufenthaltsstatus in Deutschland leben. Etwa die in den 1970er Jahren aus dem Libanon geflohenen Palästinenser*innen oder die in den vergangenen zehn Jahren über teils jahrelange Umwege über den Iran, den Irak und die Türkei aus Afghanistan Eingewanderten, deren Aufenthaltsstatus ebenfalls auch nach Jahren noch oft ungesichert ist.[91]

Kinder aus nicht-akademischen Haushalten, egal ob mit oder ohne Migrationserfahrung, sind allerdings nicht nur in der Studierendenschaft stark unterrepräsentiert, auch ihre Chancen, eine akademische Laufbahn einzuschlagen, sind dramatisch schlechter als für ihre Kommiliton*innen aus den akademisch gebildeten Klassenfraktionen. Eindringlich veranschaulicht dies der sogenannte „Bildungstrichter“: Von 100 Kindern mit mindestens einem akademisch gebildeten Elternteil beginnen 79 ein Hochschulstudium, das 64 von ihnen abschließen, von denen wiederum 43 einen Master und sechs einen Doktortitel erwerben. Von 100 Kindern aus nicht-akademisch gebildeten Haushalten nehmen hingegen lediglich 27 ein Studium auf, das 20 von ihnen mit einem Bachelor und 11 mit einem Master abschließen und nur zwei Personen erlangen einen Doktortitel.[92] Studierende ohne akademischen Familienhintergrund, so ein Befund von Markus Lörz und Steffen Schindler, beginnen nicht nur seltener eine Promotion, sie schließen diese auch seltener ab und erreichen gegenüber Promovierten mit akademischem Familienhintergrund nur noch vereinzelt eine Postdoc-Position. Auf eine*n First-Generation-Postdoc kommen durchschnittlich drei mit akademischem Familienhintergrund.[93]

Nicht viel besser sieht es in Österreich aus. Auch hier stellen die Vererbung von Bildung und der herkunftsbedingt regulierte Zugang zu hochschulischer Bildung ein fortwährendes Manko dar, das sich während des Hochschulstudiums in Form verschiedener Selektionshürden fortsetzt.[94] So liegen die Übergangsquoten von First-Generation-Studierenden von Bachelor- auf Masterniveau teilweise deutlich unter dem Wert der Erstsemesterquoten. Stellt bereits die Aufnahme eines Bachelorstudiums für junge Menschen aus einkommens- und vermögensarmen und/oder nicht-akademischen Familien eine Hürde dar, bildet der Übertritt in ein Masterstudium, der in der Regel notenbasiert und vielfach über elaborierte Bewerbungsverfahren organisiert ist, eine zweite, noch schwerer zu nehmende Hürde, an der sie scheitern oder vor der sie gleichsam prophylaktisch zurückweichen. Um auch das an einem Beispiel zu verdeutlichen: 2005 führte Österreich einen Aufnahmetest für die Zulassung zum Studium der Humanmedizin und zur Veterinärmedizin ein. Dieses Auswahlverfahren fungiert faktisch als sozialer Filter, der Kinder aus akademischen und/oder einkommensstarken Familien bevorzugt; unter anderem deshalb, weil die Erfolgsaussichten für jene, die sich die Teilnahme an einem kostspieligen Vorbereitungskurs leisten können, steigen.[95]

Ohnehin ist generell die mit einer Verlängerung der Ausbildungszeit verbundene ökonomische Belastung mit hoher Wahrscheinlichkeit ein Grund dafür, die Hochschule bereits nach dem Bachelor-Abschluss zu verlassen. Familien aus ökonomisch schwächeren oder prekarisierten Milieus können solche Mehrausgaben, wenn überhaupt, ungleich schlechter verkraften als Angehörige einkommensstärkerer Milieus. Das inzwischen europaweit eingeführte zweistufige Studiensystem - Bachelor- und Masterniveau - fungiert damit offenkundig als Selektionsmechanismus, durch den faktisch ein Zweiklassenstudiensystem geschaffen wurde, in dem sogenannte hochschulferne Klassen, Frauen* und migrantisierte Personen benachteiligt sind. Dies ist nicht zuletzt deshalb ein Problem, weil Absolvent*innen mit einem Master-Abschluss gegenüber jenen mit einem Bachelorabschluss nicht nur über bessere Arbeitsmarktchancen verfügen, sondern in der Regel auch höhere Einkommen erzielen und sie damit sowohl über die Lebensspanne hinweg ein Vermögen aufbauen können als auch im Nacherwerbsalter sozial und ökonomisch stabiler abgesichert sind.[96]

Sozial stratifizierte Übergangsquoten von Bachelor- in Masterstudiengänge sind auch im Zusammenhang mit der anhaltenden Geschlechtersegregation von Studiengängen zu sehen. Während in den MINT-Fächern[97] weiterhin mehrheitlich männliche Studierende zu finden sind, studieren in den Geistes- und Sozialwissenschaften in vielen Fächern deutlich mehr Frauen als Männer. Geschlechtsbezogene Ungleichheiten müssen daher auch im Zusammenhang mit einer geschlechtlich segregierten Studienfachwahl gesehen werden. Denn würden mehr Frauen technik- oder naturwissenschaftliche Bachelor-Studiengänge wählen und abschließen, würden in absoluten Zahlen mit hoher Wahrscheinlichkeit wohl auch mehr von ihnen in einen Master-Studiengang wechseln. Bekanntlich hindern aber geschlechterstereotype Berufsbilder und die oft misogynen, sexistischen und androzentrischen Wissenschaftskulturen der MINT-Fächer Frauen daran, technische Studiengänge zu wählen oder diese abzuschließen.[98] Und noch ein weiterer Faktor fällt hier ins Gewicht: Bei den Übergangsquoten von Bachelor- in Masterstudiengänge zeigt sich ein gemeinsames Muster zwischen der geschlechtlichen Segregation der Studiengänge und der nach sozialer Herkunft: „Frauen und Personen mit niedriger Elternbildung sind in Studiengängen überrepräsentiert, in denen die Aufnahme von Masterstudien die Ausnahme ist, während männliche und bildungsnahe Studierende mit ihrer Studienfachwahl bereits den ersten Schritt hin zum Masterabschluss setzen“, so David Binder in einer Studie zum studentischen Übergangsverhalten von Bachelor zu Master.[99]

Leaky Pipelines

Über die solcherart ungleich verteilten Chancen, überhaupt ein Studium aufnehmen zu können, und den innerhochschulischen Barrieren während des Studiums wird freilich letztlich ebenso selten gesprochen wie über den beschwerlichen Hürdenlauf einer sich womöglich an das Studium anschließenden akademischen Karriere. Die Information, dass „Frauen und anderen Minderheiten“ ein unbefristetes Aufenthaltsrecht in der *civitas academia* nur gelegentlich gewährt wird und sie auf den oberen Stufen der akademischen Karriereleiter immer seltener anzutreffen sind, findet sich allenfalls im Beipackzettel. Dabei geht zwischen den Geschlechtern schon beim Übergang von Bachelor zu Master-Studium die Schere - manche sprechen auch von einem Krokodilsmaul - auf. 58,1 Prozent der Bachelor-Abschlüsse gehen auf das Konto von Studentinnen, bei Master- beziehungsweise Doktoratsstudium sind es nur mehr 51,4 Prozent.[100] Dies verschärft sich über alle akademischen Qualifikations- und Karrierestufen hinweg, ab der Promotion öffnet sich die Schere je nach Fach teils dramatisch.[101] Ein Phänomen, das in der Forschung auch als *Leaky Pipeline*, leckende Röhrenleitung, bezeichnet wird. Die Romanistin Friederike Hassauer spricht drastischer und vielleicht präziser vom „akademischen Frauensterben“ und betont mit dieser Wortwahl nicht nur den Aspekt des Verlusts weiblicher Wissenschaftstalente, sondern deutet auch auf den unfreiwilligen Charakter des vorzeitigen Ausscheidens von Frauen aus der Wissenschaft hin.[102] Wir kommen später noch einmal darauf zurück. Und ähnlich wie sich das geschlechtsbezogene Krokodilsmaul über die Karrierestufen hinweg immer weiter öffnet, lässt sich auch ein akademisches First-Generation-Sterben konstatieren: Bildungstitel korrelieren in hohem Maße mit sozialem und kulturellem Kapital. Das heißt, je höher der Bildungstitel, desto wahrscheinlicher eine ökonomisch und sozial privilegierte familiäre Herkunft. Herkunft zählt (fast) immer, so bündig die Bildungssoziologin Christina Möller.[103]

Ohne die historischen Meilensteine der Demokratisierung hochschulischer Bildung zu leugnen, stellt sich bei näherem Hinsehen das hochschul- und bildungspolitische Geschehen mithin deutlich komplexer und widersprüchlicher und ungleicher dar als die Schauseite der Universität zu erkennen gibt. Offensichtlich tun Universitäten nämlich beides: sie öffnen und schließen. Sie öffnen sich aktiv, wenn sie Studienpionier*innen aus materiell und soziokulturell benachteiligten Familien anwerben, englischsprachige Programme für nicht-deutschsprachige Studierende einrichten, Mentoringprogramme für junge Wissenschaftler*innen und Stipendienprogramme für Geflüchtete auflegen. Zugleich schließen sie in vielfältiger, oft nicht unmittelbar ersichtlicher Weise, wenn sie etwa die Workload von Wissenschaftler*innen intensivieren, was sich unweigerlich auf die Betreuung von Studierenden auswirkt und so mit darüber entscheidet, wer es schafft, ein Studium auch abzuschließen. Hochschulen exkludieren, wo es ihnen nicht gelingt, die das hochschulische Leben regierenden bildungsbürgerlichen, *weißen* Normen zu dekonstruieren und eine oft nicht nur latent männlich-homosoziale, sondern auch sexistische, rassistische sowie trans- und homofeindliche Kultur zu verändern. Sie schließen, wo sie weder für Barrierefreiheit für Rollstuhlfahrer*innen, seh- oder hörbehinderte Personen noch für geschlechtsinklusive Toiletten sorgen. Sie schließen, wo rassistisch strukturierte Migrationspolitiken die Visavergabe steuern und darüber beispielsweise Studierende aus afrikanischen Ländern von europäischen Universitäten ferngehalten werden. Implizit befördern Universitäten Schließungsprozesse auch, wenn sie Exzellenzpolitik „über Alles" stellen, statt Gleichstellungs- und Inklusionsziele gleichwertig zu behandeln und diese strategisch mit exzellenzpolitischen Zielen zu verzahnen.

Ohnehin zeigt die jüngere Universitätsgeschichte, dass Chancengleichheit sich nicht zwangsläufig in Folge von Gleichstellungspolitiken und Antidiskriminierungsrichtlinien einstellt. Die für das deutsche und österreichische Bildungssystem so enge Kopplung zwischen sozialstruktureller Positionierung und Bildungsbiographie ist nicht nur ein Phänomen vom Kindergarten bis zur Pforte der Universität, sie setzt sich in der Hochschule weiter fort. Die geschlechtsbezogene *Leaky Pipeline* haben wir bereits angesprochen. Bis heute fehlen insbesondere auf der Ebene der Professuren aber nicht nur Frauen. Auch Menschen mit Behinderungen, mit Migrationsgeschichte oder nicht-akademischem Hintergrund sind, wie wir gesehen haben, noch immer eher selten in akademischen Räumen anzutreffen, erst recht hinter dem Katheder oder auf den Rektoratsfluren. *Weiß*-sein, cis-Männlichkeit und Klassenposition sind die wohl noch immer mächtigsten Kapitalien im akademischen Kosmos. Das kann gar nicht oft genug wiederholt werden.

Aufschlussreich ist hier beispielsweise eine vom deutschen Bundesministerium für Bildung und Forschung (BMBF) finanzierte und 2014 abgeschlossene Studie zu Karriereverläufen und -bedingungen von internationalen Professor*innen an Hochschulen in den Bundesländern Berlin und Hessen. Mehr als die Hälfte der befragten Professor*innen, stellen die Autor*innen der Studie fest, stammen aus der Mittelschicht und 80 Prozent von ihnen sind *weiße* Europäer*innen.[104] Ein Befund, den eine im gleichen Zeitraum von Christina Möller für die Hochschulen und Universitäten in Nordrhein-Westfalen durchgeführte Studie ergänzt: Generationenübergreifend sind dort 34 Prozent der Professor*innen in einer Familie mit hoher Klassenposition aufgewachsen, womit sie, gemessen an ihrem Anteil an der Gesamtbevölkerung, akademisch deutlich überrepräsentiert sind.[105] Und noch drastischer illustrieren diese Exklusivität die folgenden Zahlen einer von Angela Graf an der TU München durchgeführten Studie: Von 400 Personen, die zwischen 1945 und 2013 Spitzenpositionen in der deutschen Wissenschaft einnahmen, das heißt Wissenschaftler*innen, die mit den höchsten wissenschaftlichen Preisen ausgezeichnet wurden, etwa dem Leibniz- oder gar dem Nobel-Preis, sind nur sieben in Arbeiter*innenfamilien aufgewachsen. Zwei von drei Inhaber*innen wissenschaftlicher Elitepositionen in Deutschland sind hingegen „in Familien aufgewachsen, die den obersten 3,5 Prozent der Gesellschaft angehören. Jeder Vierte stammt sogar aus großbürgerlichen Verhältnissen, den obersten 0,5 Prozent der gesamtgesellschaftlichen Hierarchie", führt Graf aus. Die Wissenschaftselite, kommentiert sie lakonisch, „ist männlich und stammt aus sozio-ökonomisch privilegierten Familien mit enger Verbindung zur Wissenschaft".[106] Und daran ändert auch die bisweilen vorgetragene, auf anekdotischer Evidenz basierende Behauptung wenig, es würden doch generell nur noch Frauen berufen.

Fähigkeiten + Leistung = Erfolg?

So drastisch diese Zahlen die extreme Klassenstrukturiertheit in der Wissenschaft auch verdeutlichen, ihre Ursachen zu ergründen, ist dennoch nicht ganz so einfach. Soziale Selektion tritt in liberaldemokratischen Gesellschaften längst nicht mehr im Gewand explizit formulierter Exklusionsnormen auf. Es sind nicht Gesetze, die Frauen, Migrant*innen, Queers, Schwarzen, Jüdinnen und Juden ein Studium verwehren.

Exklusion ist vielmehr in die heteronormativ-vergeschlechtlichte, klassistisch und rassistisch imprägnierte Struktur der Institution eingelassen; sie tritt in vermittelter Weise auf. Wie die feministische Organisationssoziologin Joan Acker schon in den 1980er Jahren zeigen konnte, steckt Marginalisierung und Diskriminierung in der organisatorischen Substruktur, beispielsweise in den impliziten und daher umso schwerer zu erkennenden Regeln und Routinen, die sich den Anschein von Leistungsgerechtigkeit geben. Diese bilden gleichsam den Humus der Institution, aus dem sie sich beständig als ungleiche Institution reproduziert. „Ungleiche Bildungschancen" würden „nach wie vor bildungspolitisch weitgehend individualisiert und meritokratisch legitimiert" und eben nicht als Ausdruck strukturell bedingter Ungleichheit erkannt, argumentieren Möller und andere.[107] Insbesondere der Mythos der „Bestenauslese" ist im akademischen Universum extrem zählebig. Und dies nicht zuletzt, weil die meritokratische Grundformel „Fähigkeiten + Leistung = Erfolg"[108] nicht nur institutionell und kulturell im universitären Selbstverständnis und in den hochschulischen Routinen und Praktiken verankert ist, sondern auch, weil diese Grundformel auch strukturiert, wie Wissenschaftler*innen sich selbst und ihre Arbeit sehen und bewerten.

Sich glaubhaft als „wissenschaftliche Persönlichkeit" in Szene setzen können und wissenschaftlicher Erfolg verdanken sich freilich nicht allein oder vielleicht nicht einmal vor allem der eigenen Begabung und Leistung, im Gegenteil. Es bedarf, darauf hat jüngst noch einmal Maria Keil hingewiesen, einer gut austarierten Selbstdarstellung, die weder zu zurückhaltend noch zu aufdringlich sein dürfe und die vor allem jenen gelinge, „die ‚von Hause aus' eine Nähe zum Feld mitbringen". Es kommt darauf an, sich nicht nur darzustellen als jemand, die *in* der Akademie beheimatet ist, sondern *von* ihr, schreiben Diane Elam und Robyn Wiegman.[109] Maria Keil wiederum beschreibt diese performative Leistung als „wichtige Voraussetzung für einen Aufstieg im Feld". Schließlich müsse Leistung zunächst als solche sichtbar dargestellt werden, damit andere sie wahrnehmen und der Person wiederum zuschreiben können. Es reiche nicht, zitiert Steffani Engler in ihrer schon 2001 erschienenen Studie *In Einsamkeit und Freiheit? Zur Konstruktion der wissenschaftlichen Persönlichkeit auf dem Weg zur Professur* einen ihrer Probanden, „innerlich die Welt im Kopf zu haben", man müsse dies „auch nach außen zeigen".[110] Die tatsächlich geleistete wissenschaftliche Arbeit allein bietet also keine Garantie für Anerkennung und wissenschaftlichen Erfolg. Die Formel *Fähigkeiten + Leistung = Erfolg* formuliert Keil dementsprechend in Anlehnung an Pierre Bourdieu nüchtern wie folgt um: *„Habitus-Feld-Passung + Möglichkeitsstruktur = Position"*.[111]

Auf den geschlechtsbezogenen Gap zwischen erbrachter Leistung und deren Zurechnung auf die Person, die die Leistung erbracht hat, haben wir in diesem Zusammenhang bereits im zweiten Kapitel hingewiesen. Nach wie vor erwarten Entscheidungsverantwortliche, etwa die in Berufungskommissionen mitwirkenden Hochschullehrer*innen, dass bei Übereinstimmung des Geschlechts der Person mit dem Geschlecht der beruflichen Position höhere Leistungen zu erwarten sind als im Fall geschlechtsuntypischer Besetzung. Eine andere Art geschlechtsbedingter Verzerrung zeigt sich etwa in wissenschaftlichen Begutachtungsverfahren. Gleich eine ganze Reihe von Studien konnten zeigen, dass in Peer Review-Verfahren die Paper oder Forschungsanträge von Wissenschaftlerinnen im Vergleich zu denen ihrer männlichen Kollegen teilweise signifikant schlechter bewertet oder gar abgelehnt wurden.

Raum für vergeschlechtlichte Bias bieten auch verbale Beurteilungen zukünftiger Potenziale, beispielsweise ob einer Person zugetraut wird, ein Institut zu leiten, Drittmittel zu akquirieren, das Fachgebiet zu entwickeln und vieles mehr. Für die Reproduktion geschlechtsbedingter Vorurteile spielt daher der Umstand, dass rund drei Viertel aller Professuren noch immer mit Männern besetzt sind, eine signifikante Rolle. Welch signifikanten Einfluss Geschlechterstereotype haben, zeigt übrigens ein Experiment: Werden Forschungsanträge oder Bewerbungen anonymisiert, fallen die Bewertungen der wissenschaftlichen Arbeiten und akademischen Lebensläufe gleich aus.[112]

Wissenschaftlich wahrgenommen werden, akademisch als jemand zu gelten, auf deren Wort gehört wird, ist allerdings nicht nur abhängig davon, ob das Geschlecht der Person und das Geschlecht der Wissenschaft als kongruent eingeschätzt und Leistung folglich der Person zugeschrieben werden kann. Es bedarf auch der Kenntnis und versierten Performanz einer ganzen Reihe von klassenbasierten und von kulturellen Normen *weißer* Bürgerlichkeit geprägter Kompetenzen. Wie Laufenberg ausführt, gehören dazu etwa „die Inkorporierung bestimmter Arbeitsformen, Zeitregime und Arbeitsteilungen, die Adaption besonderer Sprachkonventionen, Denkweisen und Umgangsnormen und die Einübung in adäquate Weisen der Performanz und des Präsentierens“.[113] Wem all dies nicht gelingt, beziehungsweise präziser: wem diese Kompetenzen nicht zugeschrieben werden, wird Leistung ungleich seltener in Erfolg ummünzen können als jene, die immer schon als Verkörperung des *Homo academicus* galten – und der auch 2022 noch immer als Mann imaginiert wird. Um es mit den Worten eines weiteren Probanden aus Steffani Englers Studie zu sagen: Gebraucht wird „ein Mann mit Ideen“.[114]

Dass dieser Mann mit Ideen im Regelfall nicht nur cis-männlich, sondern darüber hinaus auch *weiß* ist, zeigen internationale Studien, die die enorme Tragweite von rassistischem Bias und oft subtil wirkender indirekter Diskriminierung im hochschulischen Alltag sichtbar gemacht haben. Diese äußert sich „in alltäglichen Interaktionen, in denen bestimmte Menschen zu Projektionsflächen werden, indem sie zu Gegenständen von Gerüchteküchen, von Auslassungs- und Vernachlässigungspraktiken werden" oder wenn sie informell degradiert und ihre Anwesenheit in der Universität in Frage gestellt wird, erläutert die Soziologin Encarnacion Gutiérrez Rodríguez. Rassistische Vorurteile zeigen sich beispielsweise, wenn eine Schwarze Kollegin, die in Deutschland studiert hat und seit Jahrzehnten wissenschaftlich in Deutschland arbeitet, mit der besorgt vorgetragenen Formulierung angesprochen wird, es stelle doch sicher eine Herausforderung für sie dar, Deutsch zu sprechen.[115] Oder wenn ein *weißer* Kollege in einem Berufungsverfahren die Bewerbung einer BIPoC-Kolleg*in mit dem Satz kommentiert, „wir werden doch nicht mit dem Servicepersonal am gleichen Tisch sitzen".[116]

Es ist diese banale, sich oftmals salopp gebende Alltäglichkeit von Rassismus, die die Hochschulen für von Rassismus Betroffene zu „unbewohnbaren" Orten macht, so noch einmal Gutiérrez Rodríguez. Dennoch finden oft weder die Betroffenen selbst noch Gleichstellungsakteur*innen, die diese Praktiken und Routinen zu thematisieren suchen, Gehör und die vermeintlich unscheinbaren, gleichwohl extrem wirksamen Formen der Ausgrenzung und Missachtung bleiben auf der Tagesordnung. Ein systematisches Monitoring oder Berichtswesen institutionell basierter Diskriminierung existiert ohnehin an kaum einer Hochschule, zudem sind Erfahrungen von Marginalisierung und Diskriminierung nur schwer zu greifen, da sie, wie gesagt, gut versteckt sind in den hochschulischen Routinen und zudem oft genug personalisiert werden. Sie beginnen mit Problemen bei der Zulassung, setzen sich fort über sprachliche Hürden und mannigfaltige Ausgrenzungserfahrungen im universitären Alltag. Den Betroffenen gehen solche Diskriminierungen an die Substanz, sie immobilisieren die Betroffenen, machen sie krank oder führen dazu, dass sie die Hochschule verlassen. Sie bilden ein Selbstverständnis aus, in dem die Hochschule als Außenwelt figuriert und nicht als Ort der eigenen Selbstentfaltung oder gar als zukünftiger Arbeitsplatz angesehen werden kann. Nicht vorgesehen sein. Das ist ihre Erfahrung.

Versuchen wir an dieser Stelle ein kurzes Zwischenfazit: Ein in Deutschland und Österreich prinzipiell freier Hochschulzugang – Studiengebühren werden an den staatlichen Universitäten und Hochschulen nicht oder nur in geringem Umfang erhoben – und rechtlich garantierte gleiche Zugangschancen verhindern nicht, dass elementare Kategorien sozialer Ungleichheit weiterhin eine signifikante Rolle in den Hochschulen spielen und über das Gelingen von Studium und Karriere entscheiden. In einem dichten Geflecht sich kreuzender, sich wechselseitig stützender und bisweilen überlagernder Achsen der Macht, von denen Geschlecht, Klasse und *race* vielleicht die zentralen, aber mitnichten die einzigen sind, realisiert sich, wer studiert und lehrt, und wer putzt und die IT wartet. Das Bewusstsein für institutionelle Diskriminierung hat in den letzten Jahren zwar zugenommen, die Hochschulen haben ihre zunächst auf cis-weibliche Personen ausgerichteten Gleichstellungsbemühungen auf weitere Gruppen ausgeweitet und Anti-Diskriminierungsmaßnahmen ergriffen. Doch all dies hat bislang weder in den Strukturen noch im Alltag der Hochschulen hinreichend sichtbare Spuren hinterlassen. Setzen wir unsere Inspektion daher fort und schauen uns im nächsten Schritt genauer an, wer hochschulisch die Chance auf eine Karriere hat.

Ein wilder Hazard - oder: Wer macht wie Karriere?

Wissenschaft zum Beruf machen zu können, ist, historisch betrachtet, wahrscheinlich stets der „wilde Hazard" gewesen, als den Max Weber ihn einst beschrieben hat, ein Hazard, den zudem die längste Zeit nur eine - *weiße,* männliche und vermögende - Elite überhaupt wagen konnte. Zu einem prestigeträchtigen und tendenziell mit einem Einkommen versehenen universitären Beruf war die wissenschaftliche Tätigkeit erst im frühen 19. Jahrhundert geworden. Die zu Beginn des 18. Jahrhunderts gegründeten wissenschaftlichen Akademien in Paris, Berlin, Stockholm und St. Petersburg hatten erstmals überhaupt die Möglichkeit geschaffen, mit intellektueller Arbeit ein Gehalt zu erzielen.[117] Der professorale Beruf war allerdings von Anfang an kein Beruf wie alle anderen. Weniger Karriere als Berufung glich er lange Zeit eher einer sakralen als einer säkularen Tätigkeit. Forschen galt als letztlich nicht erlernbar und angewiesen auf göttliche oder andere metaphysische Inspiration.[118] Noch in Webers Versuch, den Beruf des Professors vom Himmel auf die Erde zu holen, schimmert dies durch. Ein wahrer Wissenschaftler zeichne sich neben „harter Arbeit" durch eine rauschhafte, „innere Hingabe" an die Wissenschaft aus, erklärt er den anwesenden Studenten - und ja es waren ausschließlich Männer, die seinem Vortrag lauschten. Nur wer diese innere Hingabe mitbringe und sich völlig aus der Gebundenheit an die Welt löse, werde am Ende wissenschaftlich reüssieren.[119] Die

Professur war zudem immer auch ein prekärer Beruf. Bereits zum Zeitpunkt von Webers Vortrag am Ende des Ersten Weltkriegs, 1917, befand sich die akademische Profession in einer „Verberuflichungskrise“, wie der Historiker Martin Schmeiser zeigen konnte.[120] Die Zahl der Privatdozenten, die darauf hofften, auf eine ordentliche Professur berufen zu werden, war einerseits über die Jahre stetig gestiegen[121], andererseits gelang es dem deutschen Universitätssystem nicht, die professorale Karriere, die sich zwar „sehr schnell zu einer hoch voraussetzungsvollen Qualifikationskarriere entwickelt hatte“[122], auch zu einer professionellen, das heißt einer Laufbahnkarriere umzugestalten. Die Privatdozentur blieb eine Laufbahn ohne Laufbahncharakter.[123]

Im Grundsatz hat sich daran bis heute wenig geändert, sehen wir einmal davon ab, dass derzeit eben nicht mehr nur bürgerliche Männer beim Wettlauf um die Professur an den Start gehen und die Chancen, eine solche zu erlangen gegenwärtig dramatisch schlechter sind als sie es für Webers Zeitgenossen waren. Wer heute eine wissenschaftliche Karriere beginnt, kann kaum absehen oder -schätzen, ob dieser Weg ans Ziel oder in die Sackgasse führen wird. Entgegen anderslautender Behauptungen im Feld, selbst in der Hand hat eine*r es ohnehin nicht. Hoher Konkurrenzdruck, für Bewerber*innen schwer durchschaubare Auswahlverfahren und die soziale Dynamik in Kommissionen machen das Geschehen rund um die entscheidende Statuspassage der Berufung mehr denn je zu einer „Black Box“. Nicht selten, dass Bewerber*innen mehrere Jahre warten, bis sie erfahren, dass sie doch nicht zum Zuge gekommen sind.

Die Prekarisierung akademischer Beschäftigung, die geringe Planbarkeit einer akademischen Karriere und der ungleiche Zugang zu einer solchen Karriere sind daher zwar keine exklusiven Begleiterscheinungen der neoliberalisierten, managerial geführten Universität mit ihrer *Hopp oder Top*-Personalpolitik. Im Kontext multipler globaler Krisen und einer insgesamt von sozialer Destabilisierung geprägten gesellschaftlichen Situation stellt dies sich gleichwohl ungleich drastischer und dramatischer dar. Auf die deutlich schlechteren Chancen von Studierenden aus nicht-akademischen Familien, eine Promotion abzuschließen, sind wir in diesem Zusammenhang bereits eingegangen. Auch die Chance auf eine Professur sind für Angehörige der hochschulfernen Klassen im Jahr 2022 deutlich schlechter als noch Mitte der 1970er Jahre. Die Frage, wer akademisch Karriere macht und unter welchen Bedingungen, muss daher heute vor allem im Kontext jener großen Transformation untersucht werden, die weltweit auch die Wissenschaft und die Universität erfasst und die Bedingungen für wissenschaftliche Beschäftigung grundlegend verändert hat. Sie darf aber auch die widersprüchlichen Dynamiken, die den Prozess der (Nicht-)Verberuflichung wissenschaftlicher Arbeit auszeichnen, und die – auch vergeschlechtlichte – ideologische Überformung des akademischen Berufs als Berufung, die dessen Gestalt und die Debatten um ihn bis heute prägen, nicht außer Acht lassen.

Mit den Aktionen #95vsWissZeitVG, #IchBinHanna und #IchBinReyhan, unter denen Wissenschaftler*innen in den vergangenen drei Jahren ihre Beschäftigungssituation dokumentiert und kommentiert haben, ist es gelungen, Aufmerksamkeit für die prekäre und oft auslaugende Beschäftigungssituation dieser Gruppe zu generieren. Auf die gesetzlichen Rahmenbedingungen und die strukturellen Aspekte von Befristungspolitiken in Wissenschaft und Forschung kommen wir im weiteren Verlauf des Kapitels noch ausführlich zu sprechen. Schauen wir uns zunächst aber an, wie Hanna und Reyhan heute den „wilden Hazard" erleben und auf die extreme Unsicherheit sowie den verschärften Wettbewerb um Stellen reagieren.

In der sozialwissenschaftlichen Forschung ist diese Frage schon seit längerem ein Thema. Der Berliner Soziologe Jan-Christoph Rogge etwa beschrieb etliche Jahre vor den Hashtag-Aktionen die Situation der Postdoc-Generation in der projektbasierten Polis als eine, die von dramatischem Leistungsdruck, extremen Arbeitszeiten und großer biographischer Unsicherheit geprägt ist. Postdocs würden vom Verzicht auf Urlaub berichten, davon, dass sie bereit seien, Wochenenden durchzuarbeiten, und von dem psychischen Druck, immer *on the job* sein zu müssen. Um sich für weitere Projekte zu empfehlen, sei es geraten, Einsatz und beständige Einsatzbereitschaft zu zeigen, so auch Cristina Besio, Maria Norkus und Nina Baur. „Das allgemeine Problem", zitieren sie einen ihrer Interviewpartner, sei,

> dass es dann funktioniert, wenn man die Möglichkeit hat, zumindest zeitweise 200% zu arbeiten [...]. Das Problem ist, wer nachher aufgrund der geleisteten Arbeit Angebote bekommt. Es sind diejenigen, die mehr gearbeitet haben, und so ist ein selektiver Mechanismus im Spiel.[124]

Erfahrungen von *workaholism* und Sinnentleerung, so wiederum Rogge, seien daher verbreitet, hätten die Wissenschaftler*innen doch oft den Eindruck, eher für die mögliche Karriere zu arbeiten, als dass sie ihrer intrinsischen Motivation, also dem, was sie tatsächlich interessiert, folgen könnten. In der Folge verlören viele das Interesse, wissenschaftliche Neugier und Begeisterung für die Forschung blieben auf der Strecke, zumal sie die Erfahrung machten, dass die Qualität der Forschung leide oder es am Ende darauf ohnehin nicht ankomme.

Die Schlussfolgerung liegt also nahe, dass Projektifizierung und wachsender Wettbewerb nicht, wie es die Wissenschafts- und Hochschulpolitik gebetsmühlenartig vor sich herträgt, unter allen Umständen gute oder sogar exzellente Forschung hervorbringt. Im Gegenteil: Rogges Studie zeigt, dass die Forschungsqualität dann gefährdet ist, wenn Wissenschaftler*innen den Eindruck gewinnen, keine von ihnen selbst als sinnvoll und realistisch betrachteten Ziele verfolgen zu können und es weniger darauf ankomme, sorgfältig und wissenschaftlich genau zu arbeiten, als in der gegebenen Zeit genügend Output generiert zu haben.[125]

Freilich würden nicht alle in gleicher Weise auf die veränderten Bedingungen reagieren, schränkt Rogge ein. So mache es beispielsweise einen Unterschied, ob Wissenschaftler*innen eine ausgeprägte Aufstiegsorientierung hätten oder nicht. Wichtig sei zudem die Vernetzung und Einbettung in die *scientific community* und ob und in welchem Ausmaß es Förderung durch Mentor*innen gebe. Auch Ressourcen aus dem privaten, familiären Umfeld spielen eine Rolle. Sie können als „Stabilisatoren“ fungieren, die in Phasen großer Unsicherheit oder Belastung Halt und Unterstützung bieten. In allen diesen Aspekten erkennt die Studie potenzielle geschlechtlich bedingte Ungleichheiten. Sie werden besonders deutlich bei jenen, die besser als andere mit den Anforderungen umzugehen wissen; und bei jenen, die die größten Schwierigkeiten damit haben. Als am besten gewappnet für den Karrierekampf beschreibt Rogge den ersten Typ, die „Hoffnungsvollen“. Sie brächten neben jener Aufstiegsorientierung gleich eine Reihe weiterer Startvorteile mit: Mit den relevanten Anforderungen an eine Wissenschaftskarriere hätten sie sich frühzeitig vertraut machen und zeitgerecht darauf vorbereiten können und würden nun die Anforderungen erfüllen. Maria Keils Formel *Habitus-Feld-Passung + Möglichkeitsstruktur = Position* trifft auf diese Gruppe am deutlichsten zu. Die Hoffnungsvollen sind nahezu perfekt eingepasst ins Feld, sie fühlen sich gut eingebunden in den Wissenschaftsbetrieb und werden von maßgeblichen Mentor*innen aktiv gefördert. Damit sind sie bestens gerüstet, Möglichkeiten zu erkennen und den riskanten Sprung zu wagen. Wie sich zeigt, verfügen am häufigsten die Männer in der Studie über dieses spezifische Profil an Voraussetzungen:

> Einzig wer stark gefördert wurde und wird, einen idealtypischen Karriereverlauf inklusive längerer Auslandsaufenthalte und innerdeutscher Universitätswechsel aufweisen kann, Unterstützung aus dem privaten Bereich bekommt, sich früh für die Wissenschaft entschieden hat, seitdem aktiv auf eine Professur hinarbeitet und obendrein bereits von den neuen Karrierewegen profitieren konnte, scheint sich einen ‚hoffnungsvollen' Blick in die eigene Zukunft leisten zu können.[126]

Der Karriereweg der zweiten Gruppe, die Gruppe der „Fatalist*innen", verläuft im Vergleich deutlich wechselvoller. Sie erfahren weniger (hilfreiche) Unterstützung, es fehlen die personellen „Stabilisatoren" bestehend aus einem privaten Netzwerk, das in Phasen extremer beruflicher Unsicherheit die Einzelnen existenziell und psychologisch auffängt. Insbesondere beim dritten Typ, den „Spielverweiger*innen", zeigen sich wiederum geschlechtsbezogene Effekte besonders deutlich. Sie entbehren die für Hoffnungsvolle so wichtigen Stabilisatoren im privaten Umfeld. Sie sind zwar motivierte Forscher*innen, hadern aber mit den Anforderungen an eine wissenschaftliche Laufbahn. In diesen Interviews ist die Förderung durch Vorgesetzte oder Mentor*innen kein Thema, sie haben diese also offenkundig nicht erfahren. Junge Forscher*innen dieses Typs zeigen sich weniger selbstsicher als die Hoffnungsvollen hinsichtlich ihrer eigenen Leistungsfähigkeit. Unter ihnen finden sich am häufigsten Wissenschaftlerinnen.[127] Und viele von ihnen verlassen die Wissenschaft.

Ein Unterschied, der einen Unterschied macht. Geschlecht in der Wissenschaft

Die Gegenüberstellung der von Rogge herausgearbeiteten Typen und ihrer Geschlechterkodierung lässt erkennen, dass Ungleichheit im wissenschaftlichen Lebenslauf auch geschlechtlich gerahmt ist, und zwar selbst dort, wo Geschlechtszugehörigkeit nicht explizit wird. Es geht dabei um teilweise vielleicht nur in Nuancen auftretende Unterschiede in der beruflichen Orientierung, bei den Startvoraussetzungen in eine wissenschaftliche Karriere, in der Wahrnehmung und Zuschreibung sowie der Verkörperung von Kompetenz; aber auch um Unterschiede der Versiertheit im Umgang mit den akademischen Spielregeln, um Unterschiede bei der beruflichen Vernetzung und in der privaten Infrastruktur, die angesichts der Unwägbarkeiten und Wechselfälle einer wissenschaftlichen Karriere verlässliche Unterstützung und Entlastung bietet. Zudem verschränken sich aus der Forschung hinlänglich bekannte Karrierehindernisse und -hürden wie mangelnde Förderung und wissenschaftliche Anerkennung oder die fehlende Inklusion in Netzwerke in benachteiligender Weise mit dem bereits beschriebenen verschärften Wettbewerb um wissenschaftliche Reputation und Beschäftigung. All das führe zu gänzlich neuen Ausgrenzungserfahrungen, erläutert Rogge. Trotz anfänglicher Begeisterung und nachgewiesener Befähigung würden Wissenschaftlerinnen die Realität von

„Wissenschaft als Karrierejob“ nämlich als äußerst befremdlich erleben. Auf negative Erfahrungen im und mit dem Wissenschaftsspiel mit Verweigerung zu reagieren, löse allerdings einen Zirkel der Ausschließung aus. Denn wer verweigert, kann nicht mitgestalten und überlässt das Spiel jenen, für die es immer schon gemacht war. „Wissenschaft als Karrierejob“, so Rogges Fazit, zerstöre daher in Deutschland nicht nur die Attraktivität des wissenschaftlichen Berufswegs, sie unterminiert auch „das gleichstellungspolitische Ziel eines erhöhten Frauenanteils, vor allem in den Spitzenpositionen in der Wissenschaft“.[128]

Mit der US-amerikanischen Soziologin Cecilia Ridgeway lassen sich solche Barrieren und die defensiven Reaktionen von Wissenschaftlerinnen als Folge geschlechtsbezogener sozialer Kategorisierung beschreiben.[129] Ridgeway versteht Geschlecht als gesellschaftliche Primärkategorie. Diese eigne sich deshalb in besonderer Weise für eine erste Sortierung, weil Geschlecht vermeintlich auf alle anwendbar ist und seine vorgeblich dichotome Struktur enorm komplexitätsreduzierend wirke. Unweigerlich würden die Menschen daher bevorzugt auf Geschlecht zurückgreifen, um einander zu kategorisieren, und zwar in erster Linie anhand äußerlich wahrgenommener, geschlechtlich kodierter körperlicher Merkmale. An das solcherart zugeschriebene und kategorisierte Geschlecht wiederum seien normative und asymmetrisch strukturierte Vorstellungen geknüpft, wie Frauen und Männer so sind, wie sie sich im Regelfall verhalten und was sie können und von ihnen zu erwarten ist. Ridgeway spricht hier von *gender status beliefs,* also geschlechtsbezogenen, kulturell geteilten Überzeugungen. In diese *status beliefs* sei regelmäßig die Überlegenheit des männlichen Geschlechts eingeschrieben, die so zur Grundlage für die Fortschreibung geschlechtsbedingter Ungleichheiten werden. Dabei biete sich, kommentiert die Soziologin Bettina Heintz die Ergebnisse von Ridgeway, die Geschlechtszugehörigkeit besonders in Situationen, die durch Unsicherheit und Ambiguität ausgezeichnet sind und in denen der Ermessensspielraum groß ist, als Interpretationsressource an. Gerade in solchen interpretationsoffenen Kontexten sei die Chance am größten, über stereotypisierte Bilder und Bewertungen die Beurteilung zu beeinflussen.[130]

Mit der Zuschreibung von Geschlecht werden wir, mit anderen Worten, nicht allein sozial positioniert und auf einer mentalen Landkarte aus unterschiedlich bewerteten Fähigkeiten und Tätigkeiten platziert, wir werden als per se einer Genusgruppe zugehörig als unter- oder überlegen, kompetent oder inkompetent kategorisiert. Geschlechtliche Ungleichheit können wir folglich (auch) als eine Statusungleichheit verstehen, die in jenen kulturell geteilten Statusüberzeugungen wurzelt, welchem Geschlecht welcher Wert zukommt beziehungsweise zugestanden wird.[131] In die Welt der Wissenschaft übersetzt bedeutet dieses Phänomen des *framed before we know it* beispielsweise, dass Berufungskommissionen und Vorgesetzte zögern, Wissenschaftlerinnen wesentliche Eigenschaften für eine erfolgreiche wissenschaftliche Karriere zuzuschreiben - besonders die Eigenschaft „Professorabilität". ‚Kann die das?' ist eine nicht seltene und nicht nur rhetorische Frage, wenn es um die Besetzung von Professuren oder leitenden Positionen geht - und die im Zusammenhang mit cis-männlichen Bewerbern erfahrungsgemäß (fast) nie gestellt wird. Als „Versämtlichung" hat die Feministin und Theoretikerin Hedwig Dohm dies bereits zu Beginn des 20. Jahrhunderts beschrieben und meinte damit die „gewalttätige Gleichformung" aller dem weiblichen Geschlecht zugeordneten Personen.[132]

Die geschlechtliche Typisierung von Berufen und die asymmetrische Verteilung beruflicher Positionen – in besser bezahlten, leitenden und statushohen Positionen finden wir mehrheitlich *weiße* Männer, in statusniedrigen Positionen finden wir eher Frauen und migrantisierte Männer – spiegelt, so verstanden, lediglich wider, wie die Welt eben ist: (*weiße*) Männer sind kompetenter, ergo in prestigereicheren Positionen zu finden, (alle) Frauen sind weniger kompetent, folglich in untergeordneten Positionen anzutreffen. Zugespitzt und – mit Absicht – streitbar formuliert: *weiße* Männer aus den oberen Klassenfraktionen werden Professoren, Schwarze Frauen putzen deren Büros.

#IchBinHanna, Kettenverträge und das Ideologem „Qualifizierung"

Kommen wir zu den gegenwärtigen gesetzlichen Rahmenbedingungen wissenschaftlicher Karrieren und den politischen Verhandlungen dieser Rahmenbedingungen. Exzellenzinitiativen und eine extensive Drittmittel-basierte Forschungsförderung haben in den vergangenen beiden Dekaden nicht nur die Projektifizierung der akademischen Polis vorangetrieben, auch die Zahl der unterhalb der Professur in der Wissenschaft beschäftigten Personen ist dadurch enorm angestiegen. Der Flaschenhals zur Professur als nach wie vor einzige Möglichkeit, dauerhaft wissenschaftlich arbeiten zu können, wurde indes immer enger. Im deutschen Wissenschaftssystem stieg zwischen 2003 und 2011 unter anderem aufgrund der ersten Exzellenzinitiativen die Zahl der befristet an den insgesamt 429 deutschen Hochschulen beschäftigten, wissenschaftlichen und künstlerischen Mitarbeiter*innen um 40.000 Personen, die Zahl der

Professuren jedoch nur um 460. Aktuelle Statistiken weisen für das Jahr 2020 gegenüber dem Vorjahr einen Zuwachs von 4 Prozent bei wissenschaftlichen und künstlerischen Mitarbeitenden aus, bei den Professuren ist hingegen nur ein geringfügiges Plus von 1,5 Prozent zu verzeichnen. Auf eine zusätzliche Professur kommen rein rechnerisch ungefähr 87 potentielle Bewerber*innen. Insgesamt verschlechterte sich im nämlichen Zeitraum dadurch das Verhältnis zwischen Professor*innenschaft und akademischem Mittelbau von 1:5,71 auf 1:7,49.[133] Peter-André Alt spricht davon, dass aktuell nur sechs Prozent der Promovierten die Chance auf eine Berufung haben.[134] Der Zugang zur Professur als im Prinzip einzige Möglichkeit, dauerhaft in der Wissenschaft tätig zu sein, ist damit über die Zeit gesehen sozial so selektiv wie vielleicht nie zuvor in der deutschen Nachkriegsgeschichte. Zudem sank im selben Zeitraum, also zwischen 2003–2011, die Zahl der unbefristeten Beschäftigungsverhältnisse unterhalb der Professur von 20,2 Prozent auf 12,7 Prozent ab.[135] Dem deutlichen Zuwachs an akademisch qualifiziertem Personal und damit an wissenschaftlicher Qualifikation steht also eine drastische Einbuße an Chancen gegenüber, diese Qualifikation auch in dauerhafte wissenschaftliche Arbeit und akademische Beschäftigung umsetzen zu können. Anders gesagt: Die Kehrseite der oft eher Trend- statt genuin wissenschaftlich gesteuerten Drittmittel-basierten Forschungsfinanzierung und der Orientierung an Output und schnellem Impact sowie des mit den Exzellenzinitiativen verbundenen Prestigegewinns für einige wenige Universitäten ist die Destabilisierung der Erwerbsverläufe und Biographien der einzelnen Wissenschaftler*innen.

Dies betrifft insbesondere die Stellenkategorien unterhalb der Professur, für die die Universitäten reichlich Gebrauch machen von der *Möglichkeit* der

Befristung. Abweichend vom allgemeinen Arbeitsrecht ist die Beschränkung der Vertragsdauer in der Wissenschaft daher inzwischen der Regelfall. In Deutschland betrifft das, wir haben bereits darauf hingewiesen, 90 Prozent aller in der Wissenschaft tätigen Personen unter 45. Doch auch Professuren werden zunehmend zunächst befristet besetzt und nur bei Bewährung der Stelleninhaber*innen - meist nach fünf Jahren - in unbefristete Professuren umgewandelt. Das außergewöhnlich hohe Maß an Befristung wissenschaftlicher Beschäftigungsverhältnisse wird nicht zuletzt im Vergleich mit der Situation am deutschen Gesamtarbeitsmarkt deutlich. Hier sind bei den über 25-Jährigen nur gut sieben Prozent der Arbeitsverträge befristet. Zwar hatte die Novelle des Wissenschaftszeitvertragsgesetzes (WissZeitVG) von 2016 insofern eine Verbesserung versprochen, als sie die Vorgabe machte, Vertragslaufzeiten an die angestrebte Qualifizierung anzupassen, also je nach Fächerkultur zwischen drei und fünf Jahren für die Promotion, entsprechend länger für die Postdoc-Phase. Bei Drittmittelbeschäftigten sollte die Vertragsdauer der Projektlaufzeit entsprechen. Dennoch weisen noch immer mehr als 40 Prozent der Verträge unterhalb der Promotion Laufzeiten von unter einem Jahr auf, während Verträge für Promovierte und Postdocs zwar etwas länger laufen, im Durchschnitt aber auch nur auf knapp 18 Monate Vertragszeit kommen (17,6).[136]

Für Kanzler*innen deutscher Universitäten ist die im Vergleich zum Gesamtarbeitsmarkt um ein Vielfaches höhere Befristungsquote bei wissenschaftlicher Beschäftigung allerdings keinesfalls ein Anlass zur Sorge. Denn sie halten den Vergleich universitärer Beschäftigung mit jener in der Normalwirtschaft für unzulässig. Universitäten seien keine gewöhnlichen Organisationen, sondern operierten als Qualifizierungssysteme.

An die Beschäftigungsverhältnisse an Universitäten könnten daher nicht die gleichen Maßstäbe angelegt werden, verkündeten sie im September 2019 in ihrer „Bayreuther Erklärung".[137]

Die Unsicherheit wissenschaftlicher Beschäftigung unterhalb der Professur ist in Deutschland so ausgeprägt wie nirgendwo sonst. Allerdings ist der Befristungsanteil auch in Österreich extrem hoch. Hier finden sich rund 80 Prozent des wissenschaftlichen Personals in einem befristeten Beschäftigungsverhältnis. In einer Novelle des Universitätsgesetzes (UG) wurde die entsprechende „Kettenvertragsregel" jüngst reformiert. Dieser deutlich strengere Entwurf des Kettenvertragsmodells sieht vor, dass wissenschaftliche und künstlerische Mitarbeiter*innen nunmehr maximal acht Jahre an einer bestimmten Universität beschäftigt sein dürfen statt den vorher möglichen zehn Jahren.[138] Nach Ablauf dieser Frist „muss der/dem Betroffenen ein unbefristeter Vertrag angeboten werden, damit sie oder er an der jeweiligen Universität bleiben kann. *Darüber entscheidet natürlich die jeweilige Universität* [kursiv, d. Verf.]", heißt es auf den Seiten des österreichischen Wissenschaftsministeriums.[139] Wie in Deutschland entscheiden sich auch österreichische Universitäten in den meisten Fällen allerdings gegen die Entfristung. Befristete Arbeitsverhältnisse sind daher unterhalb der Professur auch in Österreich für Wissenschaftler*innen Normalität. Ihre Rechtfertigung beruht hier wie dort auf drei zentralen Behauptungen: Erstens wird das Negativszenario eines „trägen Systems" heraufbeschworen, „in dem zu wenige Stellen frei werden und Leistungsanreize fehlen".[140] Zweitens wird die Generationengerechtigkeit herangezogen: Würden zu viele Stellen entfristet, sei kommenden Generationen auf Jahrzehnte der Zugang zu einer wissenschaftlichen Karriere versperrt.[141] Drittens wird das Problem der dauerhaften Finanzierung angeführt: Universitäten scheuten sich, „Fixanstellungen zu vergeben, da sie nicht sicher sein könnten, ob eine langfristige Finanzierung möglich sei".[142]

Nach Phasen der radikalen Befristungspolitik – in Deutschland über mehrere Jahrzehnte seit den 1980ern, in Österreich über mehrere Jahre mit Beginn der Nullerjahre – werden zwar wieder Dauerstellen geschaffen. Deutschland richtete zunächst eine allerdings sehr geringe Zahl von Junior-Professuren mit Tenure-Option ein. Erst seit Kurzem wird dieser Weg mit dem „1000 Tenure-Track-Stellen Programm" ein wenig entschlossener gegangen. In Österreich erfolgte nach einem deklarierten „Aus" der Entfristungen für jegliche Stelle unterhalb der Professur mit dem Universitätsänderungsgesetz von 2009 die Wiedereinführung von Dauerstellen. Bei der Einrichtung dieser Dauerstellen verhalten sich viele österreichische Universitäten aus genannten Gründen[143] allerdings ähnlich zurückhaltend wie deutsche Hochschulen.[144] An der „unternehmerischen Universität" spielen außerdem immer auch der Exzellenzdiskurs und das Argument, Wettbewerb um Stellen fördere Produktivität, Innovation, Kreativität, eine Rolle.

Tendenziell unrühmlich ist hier sowohl das Agieren der Hochschulen wie das der Politik zu nennen. So zeigte sich in der öffentlichen und wissenschaftspolitischen Debatte zum österreichischen Kettenvertragsmodell, dass Universitäten und Wissenschaftsministerium sich wechselseitig die Verantwortung für das hohe Maß an unsicherer Beschäftigung zuschoben. Die Politik verteidigte das Kettenvertragsmodell mit dem Argument, es diene dem Schutz der Wissenschaftler*innen. Der Gesetzgeber wolle sie davor bewahren, sich ein halbes (oder ganzes) Berufsleben von Befristung zu Befristung durchzuschlagen: „Wenn man mit Mitte

50 kein Projekt mehr bekommt, ist das eine Katastrophe. Mit Mitte 30 kann man sich noch umorientieren", so etwa die Bildungssprecherin der Grünen, Eva Blimlinger.[145] Die zeitliche Begrenzung von Kettenverträgen auf acht Jahre sende daher ein klares Signal an den Nachwuchs, alternative Berufslaufbahnen zu einem Zeitpunkt einzuschlagen, zu dem sie noch realistische Chancen auf eine Anstellung bei nichtuniversitären Arbeitgeber*innen hätten.

Universitäten verteidigen das Kettenvertragsmodell hingegen vielfach mit dem Argument, die Finanzierung der Universitäten reiche nicht aus, um mehr Dauerstellen zu schaffen. Auch in Österreich bringen Rektor*innen daher das Qualifizierungsargument ins Spiel. Nicht alle könnten auf Dauer an den Universitäten bleiben, für die Befristeten bestünden aber immerhin Qualifizierungschancen während eines zeitlich begrenzten Anstellungsverhältnisses. Auch erkennen einzelne Vertreter*innen der Universitäten an, dass die Dauer von Befristungen so bemessen werden sollte, „dass der Erwerb einer wissenschaftlichen Qualifikation (PhD, Habilitation et cetera) möglich ist".[146]

Die Realität sieht freilich häufig anders aus. Viele Dissertationen bleiben unvollendet, Habilitationen werden aufgegeben, weil die Wissenschaftler*innen in den Institutsbetrieb eingebunden sind, bei Engpässen in der Lehre einspringen oder freiwillig Mehrarbeit in Forschungsprojekten leisten, um sich unentbehrlich zu machen. Selbst jene auf befristeten Stellen hoffen auf eine Chance, sich später doch noch einmal auf eine Laufbahn-/Tenure-Stelle bewerben zu können. Beim Bemühen, die eigene Leistungsfähigkeit und Belastbarkeit gegenüber den potenziellen Mentor*innen zu demonstrieren, werden die für eigene Qualifizierungsarbeiten reservierten Zeiten allzu häufig geopfert.

Universitäten sprechen heute zwar ausgiebig von ihrer Verantwortung für die befristet beschäftigten Wissenschaftler*innen, sie verfügen aber weder über die erforderlichen Strukturen und Kapazitäten noch über eine entsprechende Kultur, um Personalentwicklung professionell betreiben zu können: „Die Hochschulen würden es sich bequem machen, indem sie nur befristete Verträge vergeben", urteilt etwa Stefan Huber, Anwalt für Hochschulrecht.[147] „So ersparten sie sich von vornherein das schwierige Thema Kündigung samt emotionalen und juristischen Streitigkeiten bei Härtefällen: ‚Die Institutsvorstände wollen sich nicht als Personalmanager verstehen, und die Rektorate haben keinen Überblick über die Qualität der Mitarbeiter [sic!]'".[148]

Von politischer Seite heißt es zwar, mit dem Kettenvertragsmodell werde Druck auf Universitäten ausgeübt, Nachwuchskräfte nicht länger an sich zu binden, als sie die damit verbundenen Arbeitgeberpflichten erfüllen wollen oder können. So gesehen beuge dieses Modell der Ausbeutung (junger) Wissenschaftler*innen vor. Betroffene Wissenschaftler*innen sehen das freilich anders. Sie interpretieren das Gesetz als eine Verschärfung der existenziellen Bedrohung junger Wissenschafter*innen, als ein „faktisches Berufsverbot nach acht Jahren".[149] Im Fokus der Kritik steht auch das Argument, die Innovationskraft der Wissenschaft könne nur gewährleistet werden, wenn Mitarbeiter*innen-Stellen immer wieder neu besetzt werden. Denn damit würde implizit behauptet, Entfristung sei eine Innovationsbremse – ein Generalverdacht gegenüber jenen, die unbefristet beschäftigt sind, der sich allerdings nicht auf die ebenfalls unbefristet beschäftigte oder sogar verbeamtete Professor*innenschaft erstreckt. Dass Prekarisierung die Innovationskraft steigere, ist allerdings vielfach widerlegt, wie die

Erfahrungen aus wissenschaftlich hochproduktiven Ländern wie die Niederlande, Schweden oder die USA zeigen, deren Entfristungsanteile deutlich höher sind als jene in Deutschland oder Österreich.[150] Werden Politiker*innen aber mit solchen Argumenten konfrontiert, passen sie den Ball sogleich an die Universitäten weiter. „Die immer wiederkehrende Behauptung, die Universitäten hätten zu wenig Geld und deswegen kommt es zur Prekarisierung, ist falsch", so noch einmal die bildungspolitische Sprecher*in der österreichischen Grünen, Eva Blimlinger. Es sei vielmehr „immer eine Frage der Verteilung" - und die liege nun mal in der Autonomie der Universitäten. Gleichstellungspolitische Akteur*innen wie etwa das österreichische Elise-Richter-Netzwerk wiederum argumentieren, die Politik könnte die Universitäten in den „Leistungsvereinbarungen" darauf verpflichten, Budgetmittel mit der Stellenvergabe zu verkoppeln.[151] Solche Maßnahmen werden als wichtige gleichstellungspolitische Schritte angesehen, um Frauen in der Wissenschaft zu halten und das Problem der *Leaky Pipeline* zu verringern. Doch auch hier zeigt die Erfahrung, dass eine solche Verpflichtung schwer auszuhandeln ist und die Politik diese „heiße Kartoffel" mit dem Verweis auf die Autonomie der Universitäten allzu gerne schnell weiterreicht.

Das Framing von Universität als - allem voran - Qualifizierungssystem, ist indes längst nicht mehr zeitgemäß - wenn es dies denn jemals war. Zum einen steht zur Diskussion, was Universitäten zur Qualifizierung ihrer Mitarbeiter*innen beitragen, deren Beiträge sie nützen, die sie aber absehbar nur kurze Zeiten beschäftigen wollen. Zum anderen operieren Universitäten heute mehr denn je im Kontext einer wissensbasierten Ökonomie als wirtschaftliche Akteure; sie sind Produktionsstätten für immaterielle Güter, die auf den unterschiedlichsten Märkten verwertet werden. Der Universitätsbericht 2017 zitiert hierzu Jürgen Janger vom Österreichischen Institut für Wirtschaftsforschung (wifo): „Wissen ist der wichtigste Produktionsfaktor in modernen Volkswirtschaften. Universitäten schaffen über Forschung neues Wissen und vermitteln über die Lehre die Fähigkeit, Wissen produktiv einzusetzen."[152] Ihre Beschäftigungspolitik gleicht, wie Klaus Dörre und Hans Rackwitz kritisch anmerken, dem für den nachfordistischen Kapitalismus typischen Muster der Flexibilisierung.[153]

Wissenschafter*innen im österreichischen „Elise-Richter-Programm"[154] kritisieren daher folgerichtig das Missverhältnis bei der Bewertung ihrer Leistung. Sie werben Drittmittel von angesehenen Förderinstitutionen ein und sind damit für die Dauer der jeweiligen Projekte an einer Universität angestellt. Die Wissenschafter*innen tragen das Risiko für ihre Beschäftigung selbst, die Drittmittel-Leistung und das Prestige der Forschungsarbeiten verwerten die Universitäten. Es sei aber „nicht in Ordnung, den Druck fortwährend auf die Forscherinnen zu überwälzen, während die Uni gleichzeitig die Erfolge - etwa Patente und Publikationen - einheimst" (so die Evolutionsbiologin Barbara Fischer im *Standard*).[155]

Hopp oder Top - universitäre Personalpolitik am Limit

Personalpolitik ist das Gestaltungsfeld schlechthin für universitäres Management. Über Personalpolitik steuern Universitäten thematische Schwerpunktsetzungen, nicht zuletzt im Hinblick auf die strategische Definition ihrer *unique selling Position* auf dem Markt. Es geht aber nicht allein um die Möglichkeit, nach Bedarf neue Expert*innen für neue Lehrstühle oder

Forschungsschwerpunkte rekrutieren zu können. Eine seit den 1980er Jahren wiederholt geäußerte Sorge der Universitäten ist auch die Kontrolle über nicht-produktives Personal auf Dauerstellen.[156] Diese Sorge wird in den Augen von Entscheidungsverantwortlichen (auch der akademischen Senate) geringer, wenn die Zahl der Dauerstellen klein gehalten wird und wissenschaftliches Personal so regelmäßig ausgetauscht werden kann.

Für die wenigen neu zu schaffenden Dauerstellen/Tenure-Track-Stellen gelten strenge Vergabekontrollen. Mehrstufige Verfahren prüfen die Leistungsfähigkeit der Kandidat*innen, auf der Basis komparativer Leistungsbeurteilung, unabhängiger Gutachten, möglicherweise auch Hearings und Kommissionsentscheidungen, deren Aufwendungen und Legitimierungsfunktion an das Niveau von Berufungsprozessen heranreichen.

Dass Universitäten (und ihre Fakultäten) die Zahl der Dauerstellen geringhalten, hat zumindest auch machtpolitische und arbeitsorganisatorische Gründe. Entscheidungsverantwortliche an österreichischen Universitäten charakterisieren Laufbahnstellen als „kostbarstes Gut der Universität“[157], als eine Ressource, über die man sehr vorsichtig und zurückhaltend disponiert, um das sensible Machtgleichgewicht an den Universitätsinstituten nicht zu stören. Institute sind Organisationseinheiten, die mit zumindest einer Professur ausgestattet sind, der eine Anzahl von Mitarbeiter*innen zugeordnet werden – darunter Mitarbeiter*innen, die formal (noch) kein Recht auf „selbständige Forschung und Lehre“ haben (Promovierende oder Promovierte ohne Tenure) und die daher zur Mit- und Zuarbeit an Projekten angewiesen werden können. Dieses System hat eine wichtige Funktion für Professor*innen, auch sie haben daher ein nachvollziehbares Interesse, daran festzuhalten. Professor*innen stehen heute unter wachsendem Leistungsdruck. Anforderungen an „erfolgreiche Wissenschaftler*innen“ steigen, zugleich stehen Wissenschaftler*innen unter laufender Beobachtung ihrer Leistungsfähigkeit.[158] Neben Forschungsexzellenz, die kontinuierlich gemessen und in kompetitiven Prozessen unter Beweis gestellt werden muss (Journal-Publikationen, Drittmittel-Anwerbung), wird von ihnen aktive Wissenschaftskommunikation in der Öffentlichkeit und in den Medien erwartet, neben allen übrigen Aufgaben in Lehre und Selbstverwaltung. Ohne Personal, das die ausführende Arbeit in der Forschung macht, ist dieses Pensum nicht zu bewältigen.

Postdocs mit Tenure nehmen in einem solchen arbeitsteiligen System und Machtgefüge eine Sonderstellung ein, weil sie das Recht haben, eigene Forschungsinteressen zu verfolgen und die Entwicklung der eigenen Karriere voranzutreiben. Postdocs mit Tenure werden von Professor*innen daher eher als Konkurrent*innen im eigenen Haus wahrgenommen, denn als Unterstützung für den Lehrstuhl. Die Stellenarchitektur des Habilitations-Modells und die wachsenden Leistungsanforderungen an unternehmerischen Universitäten in einer zunehmend kompetitiven Wissensökonomie macht die Entscheidung darüber, ob eine Postdoc-Tenure-Stelle am Institut eingerichtet wird oder doch lieber zwei befristete Predoc-Stellen zu einer Frage der Arbeitsorganisation/-entlastung für Professor*innen und der Stabilisierung des Machtgefüges am Lehrstuhl.[159]

Daher greift die Kritik zu kurz, Befristungspolitik sei das Werk von Professor*innen, die Ausbeutung der Nachwuchskräfte betreiben.[160] Hier geht es um komplexere Verwerfungen, die treffend von Laufenberg und Kolleg*innen skizziert werden: Die hierarchische

Wissenschafts- und Arbeitsorganisation an deutschen Hochschulen trage „feudale und ständische Züge“[161]. Dank des hierarchischen Lehrstuhlprinzips könne der steigende Wettbewerbs- und Zeitdruck im deutschen Wissenschaftssystem leichter von Professor*innen an die ‚unteren‘ Statusgruppen des akademischen Mittelbaus weitergereicht werden, „etwa indem das Verfassen von Drittmittelanträgen und Artikeln oder die Korrektur und Vor-Begutachtung von Seminar- und Abschlussarbeiten an sie delegiert wird“.[162] Die strukturelle Überlastung und der enorme Leistungsdruck treiben also die „Ausbeutungskaskade“ wesentlich an. Manche Professor*innen mögen sich gewissermaßen willkürlich daran „bereichern“. Viele scheinen die Entwicklung aber zu bedauern, denn es ist eine wachsende Klage von Professor*innen darüber zu vernehmen, dass sie primär Forschungs- und Lehrstuhlmanagement betreiben und keine Zeit beziehungsweise Kapazität mehr für eigene Forschungstätigkeit haben.

Auch aus den Reihen der Professor*innen ist Kritik an der Befristungspolitik an österreichischen und deutschen Universitäten zu vernehmen. Diese verursachen nicht zuletzt einen erheblichen Umschlag von Mitarbeiter*innen, der mit hohen Transaktionskosten für die Organisation des Lehrstuhls oder seiner Forschungsprojekte verbunden ist. Kaum sind Mitarbeiter*innen gut eingearbeitet, blicken sie bereits auf das Ende ihrer Verträge oder eine ungewisse Verlängerung, was Motivation und Commitment für die gemeinsame Sache einschränken kann.

Gute Arbeit in der Wissenschaft - sieht anders aus

Trotz verschiedener Rechtfertigungsversuche sowohl seitens der Hochschulpolitik wie der Hochschulleitungen stößt das Thema Befristungen weiterhin und zu Recht auf massive Kritik – seitens der Gewerkschaften, Fachgesellschaften und Interessensverbände in der Wissenschaft. Gegenstand der Auseinandersetzung in Deutschland ist zudem das hohe Ausmaß an Teilzeitstellen, darunter Halbe- und Viertel-Stellen, die Wissenschaftler*innen zwingen, ihre materielle Existenz aus mehreren Jobs zusammenzustückeln. Solche Stellen bedeuten aufwändiges Pendeln zwischen verschiedenen Universitäten und Hochschulen, und die Vertiefung in unterschiedliche Forschungsgegenstände. Mit jedem Teilstück an Beschäftigung kann ein Themenwechsel verbunden sein. Vom „Traumjob in der Wissenschaft" bleibt da nicht viel übrig, Realität ist vielmehr eine unsichere Existenz und Erschöpfung. Von „Guter Arbeit" im Sinne der Kriterien, die heute für die Beurteilung von Jobs am Gesamtarbeitsmarkt gelten[163], ist Wissenschaftsarbeit weit entfernt. „Gute Arbeit" aber ist eine notwendige Bedingung für „Gutes Leben" – ein Leben mit Planungsperspektiven für den beruflichen Karriere- und privaten Lebensweg, was die Chance bietet, Berufsarbeit, Sorgearbeit und persönliche Interessen gemeinsam zu verfolgen, unter Wahrung der physischen Gesundheit und des psychischen Wohlbefindens.

Wissenschaftliche Beschäftigungsqualität, so klagen viele, sei jedoch so tief gesunken wie jene in den notorisch prekären Dienstleistungssektoren. Der Vergleich zwischen wissenschaftlicher Tätigkeit und etwa Saisonarbeit im Tourismus hinkt zwar, denn Wissenschaftsarbeit zeichnet sich aus durch die Möglichkeit, sinnstiftende und erfüllende geistige Arbeit in einem gesellschaftlich angesehenen Bereich zu leisten.[164] Dienstleistungen in Gastronomie und Tourismus haben keinen vergleichbaren Berufsstatus. Verbindendes Element ist aber das Ausmaß an ökonomischer

Unsicherheit und das subjektive Gefühl, für sehr viel Arbeitseinsatz wenig Gegenleistung zu erhalten – weder monetär noch symbolisch. Diese Entwicklung kann auf junge Wissenschaftler*innen am Beginn einer wissenschaftlichen Laufbahn abschreckend wirken: „Ich hätte diesen Karriereweg (Wissenschaft) nicht gewählt, hätte ich von dieser Sackgasse gewusst. ALLE meine ausländischen Kollegen haben Dauerstellen bekommen, ALLE meine deutschen Kollegen sind entweder abgesprungen, oder wie ich auf Zeitstellen."[165]

Befragt nach ihren beruflichen Erwartungen, äußern sich Nachwuchswissenschaftler*innen zwar vielfach auch hoffnungsfroh, verweisen auf den Sinn der Tätigkeit, ihre intellektuelle Neugier, den Spaß am Forschen und an der Zusammenarbeit in einer inspirierenden Umgebung, möglicherweise sogar mit der Chance auf internationalen Austausch. Die starke Selbstidentifikation mit dem Wissenschaftsberuf kann jedoch dazu führen, das objektive Risiko der Prekarität zu unterschätzen.[166] Dazu trägt das verbreitete Denkmuster bei, inhaltlich erfüllende Tätigkeit sei wesentlicher Lohnbestandteil, der Gelderwerb stehe daher nicht im Vordergrund wissenschaftlicher Tätigkeit, folglich seien existenzielle Unsicherheit und fehlende Planungsperspektiven zumutbar. In dieser Deutlichkeit spricht es freilich kaum jemand aus, vielfach wird darauf verwiesen, dass Nachwuchswissenschaftler*innen für einige Jahre ihres Berufslebens wertvolle Qualifizierungschancen für ein zweites Standbein in einem nichtwissenschaftlichen Beruf erlangen. Nach dem Motto: Solange junge Leute lernen, akkumulieren sie Chancen für den späteren Einstieg in einen Brotberuf. Dem ist jedoch entgegenzuhalten, dass im Status „befristete Nachwuchswissenschaftler*in" auch noch sehr viele 40-Jährige verweilen. In diesem Alter sollten Menschen in der Regel wissen dürfen, wie sie ihr weiteres

Leben gestalten können, etwa auch hinsichtlich ihrer Familienplanung. In Deutschland ist die Situation besonders dramatisch: „Dass Wissenschaftler*innen [sic!] mit akademischem Abschluss weitere zwölf Jahre lang als ‚Nachwuchs' gelten und selbst nach der Promotion nahezu keine Möglichkeit auf Festanstellung haben, ist im internationalen Vergleich einmalig", urteilt die „Alternative Evaluation" des WissZeitVG.[167]

Kosten der prekarisierenden Flexibilisierung: Braindrain, Transaktionskosten, Fluktuationskosten

Während Betroffene und ihre fachpolitischen Vertretungen in diesem Zusammenhang das Problem der Prekarisierung von ganzen Generationen von Nachwuchswissenschaftler*innen hervorheben, befürchten andere die Abwanderung talentierter Nachwuchskräfte in Länder mit besseren Beschäftigungsmöglichkeiten. Die Migration an eine angloamerikanische Universität ist eine Option, weil eine vollwertige akademische Karriere beim anglo-amerikanischen Modell bereits mit dem Einstieg in eine Postdoc-Tenure-Stelle beginnt. Diese Position bedeutet nicht nur eine Dauerstelle, sondern auch die gleichberechtigte Teilhabe an akademischer Forschung und Lehre. Wir haben bereits erwähnt, dass „günstigere" Bedingungen im Vergleich der Karrieremodelle nicht „risikofrei" bedeutet. Der Weg auf eine Tenure-Track-Stelle an einer gut ausgestatteten Universität in den Vereinigten Staaten ist extrem beschwerlich. Die zögerliche Einführung von Dauerstellen unterhalb der Professur in Österreich und das gänzliche Fehlen solcher Stellen in Deutschland bedeuten dagegen, dass Nachwuchskräfte hierzulande nur die Wahl haben, die sehr unwahrscheinliche Laufbahn zur

Professur einschlagen zu müssen oder die Universität zu verlassen. Die Abwanderung vielversprechender, um nicht zu sagen „Exzellenz"-verdächtiger, junger Wissenschaftler*innen ins Ausland, ist mit vielfältigen Kosten verbunden. Ein kritischer Blick auf die Wissensökonomie scheint daher nicht umhin zu kommen, auch die ökonomischen Kosten gegenwärtiger Personalpolitik in der Wissenschaft vorrechnen zu müssen.[168]

Vom Nebeneinander unterschiedlicher Prekaritäten. Ein drittes Fazit

Akademische Prekarität äußert sich in verschiedener Form. Materielle Unsicherheit von befristeten Wissenschaftler*innen trägt zur ökonomischen Stratifizierung bei. „Wissenschaft ist in Deutschland nichts für Leute, die sie sich nicht leisten können. Sie ist über viele Jahre eher ein teures Hobby für Menschen mit finanziellem Polster."[169] Das materielle Prekarisierungsrisiko hängt demnach von der Klassen- beziehungsweise Statusgruppenzugehörigkeit ab. Es betrifft die unbefristet Beschäftigten (auf Professuren und Tenure-Positionen) weit weniger als befristet beschäftigte Wissenschaftler*innen.[170] Das Phänomen der Prekarisierung hat aber mehrere Gesichter, unter anderem tritt es als Angst vor Statusverlust oder übermäßigem Leistungsdruck auf. Ersteres betrifft auch Wissenschaftler*innen mit unbefristeten Verträgen, die ein sicheres Gehalt haben, sozial eingebunden sind und sich auf akademisches Berufsprestige stützen können. Zweiteres tritt ein, wenn der empfundene Leistungsdruck zu dauerhaftem Sinnverlust in der Arbeit führt:

Die Beschäftigten arbeiten nicht nur gern und identifizieren sich mit ihrer - inhaltlich befriedigenden - Tätigkeit, sondern glauben, keine Chancen auslassen zu dürfen, um die wissenschaftliche Reputation zu vergrößern. Dieses Streben nach Reputation ist auch mit einer Professur nicht beendet und kann, weil die Tätigkeit attraktiv ist, Pathologien hervorrufen, die die Ausübung des Berufs beeinträchtigen oder unmöglich machen.[171]

Wie schon unser erster Rundgang durch die Universität gezeigt hat, nimmt dieser Arbeits- und Leistungsdruck mit der Umstellung auf den Betrieb einer „unternehmerischen Universität" zu. Dörre und Rackwitz etwa sehen die „widersprüchliche und umkämpfte Ausrichtung des Wissenschaftsbetriebs am Leitbild der ‚unternehmerischen Universität'" unmittelbar verbunden „mit einer in Formen und Ausmaßen neuartigen Prekarisierung von Arbeit, Beschäftigung und Lebensbedingungen eines erheblichen Teils des akademischen Gesamtarbeiters".[172] Prekarisierungsgefährdet sind dabei auch jene, die neben privaten Sorgearbeitspflichten nicht gleichermaßen ihre beruflichen Beziehungen und Netzwerke pflegen können und daher aus sozialen Kreisen ausgeschlossen werden. Ein Problem für Frauen und ihre Karrierechancen in der Wissenschaft.[173] Ein Problem aber auch für die exzellenzpolitische Steuerung von Wissenschaft, die weiterhin auf die Fähigkeiten und das Talent unzähliger Frauen verzichtet. „Academia is now incompatible with family life, thanks to casual contracts" titelt der britische *The Guardian*[174] und benennt damit Prekarisierung im Sinne eines Ausschlusses längerfristiger Lebensplanung und als Erfahrung, Familiengründung und Kinderwunsch immer wieder hinausschieben zu müssen.[175] Auch das ein Problem, das vor allem Frauen betrifft. Zumindest ein Problem, das vor allem Frauen thematisieren, denn in Wahrheit handelt es sich um ein grundlegendes gesellschaftliches Problem, das im breiten Spektrum von gerechtigkeits- bis demographie- und nicht zuletzt wissenschaftspolitischen[176] Fragen diskutiert werden muss.

4. Gleichstellungs- und Diversitätspolitik. Anhaltende Kämpfe, neue Herausforderungen

Universitäten tragen Verantwortung für die Förderung von Gerechtigkeit und die Entwicklung inklusiver Strukturen. Governance-Dokumente heben hervor, dass Geschlechtergerechtigkeit, Diversität und soziale Inklusion explizit im Systemziel „Gesellschaftliche Verantwortung der Universitäten" enthalten sind.[177] Universitäts- und Hochschulreformen erhöhten in der jüngeren Vergangenheit den Druck staatlicher Außensteuerung und verliehen den Universitätsleitungen mehr Gestaltungsmacht, um dieses Systemziel zu verfolgen. In der Folge war und ist eine erhöhte Betriebsamkeit im Bereich universitärer Gleichstellungs- und Diversitätspolitik zu beobachten. Mit Blick auf die Persistenz vielfältiger sozialer Ungleichheiten - neben geschlechtlich bedingter Ungleichheit vor allem hinsichtlich der Überwindung klassenbedingter und rassistischer Benachteiligungen - fällt das Urteil von Expert*innen vielerorts allerdings zwiespältig aus. Zweifellos sei viel Bewegung in der Gleichstellungs- und Diversitätspolitik zu verzeichnen, doch es reiche eben längst nicht aus, um Universitäten und Hochschulen sozial gerechter, inklusiver und diskriminierungsärmer zu gestalten.[178] Allzu oft gelte die Devise, „tun, was gut aussieht und wenig kostet", substantieller Wandel sei so allerdings noch nicht erreicht worden. In der Literatur ist in diesem Zusammenhang vielfach von einem „Gleichstellungsparadox"[179] die Rede. Universitäten könnten zwar unzählige Aktivitäten etwa auf den Feldern Frauenförderung, Mentoring, Bewerbungstrainings oder *managing diversity* vorweisen, schafften es bislang aber nicht, mit diesen Maßnahmen die hartnäckigen Strukturen sozialer Ungleichheit und Mechanismen institutioneller Diskriminierung effektiv zu bekämpfen.

Um dieses Paradox in der hochschulischen Gleichstellungs- und Antidiskriminierungspolitik besser zu verstehen, greifen wir noch einmal die im Verlauf dieses Buches bereits mehrfach diskutierten Konzepte auf, die in Deutschland wie in Österreich in jüngerer Zeit gleichermaßen zur Rechtfertigung der jüngsten Hochschulreformen herangezogen wurden: Exzellenzpolitiken auf der einen, Managerialisierung auf der anderen Seite. Beiden Konzepten werden jeweils genuin gleichstellungsfördernde Effekte unterstellt oder zugeschrieben. Exzellenzpolitiken, die in der Regel als progressive Modernisierungspolitik dargestellt werden, die auf Grundlage der ihnen eingeschriebenen meritokratischen Überzeugung, dass Leistung sich unabhängig von Geschlecht oder anderen diskriminierenden Umständen immer durchsetzt, versprechen, so das Argument, gewissermaßen aus sich heraus gleichstellungsfördernde Wirkung. Managerialisierung wiederum, also jene Form universitärer Reorganisation, die Macht zentralisiert, innerhochschulische Prozesse und Verfahren streng formalisiert, Formen hierarchischer Steuerung implementiert und Leistung vor allem quantitativ erfasst, wird aufgrund dieser Momente als prinzipiell günstig für eine wirksame Gleichstellungspolitik beurteilt.

Wie in Kapitel 2 ausgeführt, spielen Exzellenzdiskurse eine tragende Rolle in der Rechtfertigung hochschulpolitischer Reformen. Zunehmend fungieren exzellenzpolitisch gerahmte Imperative auch als treibende Kräfte für gleichstellungs- und diversitätspolitische Initiativen, erkennbar etwa an der Wende staatlicher Gleichstellungspolitik in Deutschland. Sie koppelte die Vergabe öffentlicher Fördermittel auch an Gleichstellungskriterien und machte Gleichstellungspolitik damit zu einem Kernelement strategischer Hochschulentwicklung.[180]

Auch in der österreichischen Universitätsreform-Debatte wurden Exzellenz und Gleichstellung zunächst als kompatible Ziele der Hochschulpolitik behandelt. Im Rahmen einer parlamentarischen Enquete zur österreichischen Universitätsreform hob etwa Friederike Hassauer hervor, dass ein dringender Aufholbedarf im Bereich der Gleichstellung bestehe, sei die Leistungssteigerung österreichischer Universitäten doch nicht ohne Anhebung des Frauenanteils zu schaffen. Hochqualitative Wissenschaft, so Hassauer, ist „ohne weibliche Exzellenz nicht zu haben", und, drastischer noch, „ohne Frauen stürzen Universitäten unweigerlich in die Mittelmäßigkeit ab".[181]

Die exzellenzpolitische Agenda schien damit gleichstellungspolitischen Forderungen in der Tat eine neuartige Legitimität zu verleihen. Sie stellte den traditionellen Standpunkt der akademischen Profession in Frage, wonach allein wissenschaftliche Validierungsprozesse und bereits erworbene wissenschaftliche Reputation über die Eignung für den Wissenschaftsberuf entscheiden dürften. Heißt es nun aber, Universitäten könnten überhaupt nur exzellent werden, wenn sie aktiv gegen Ausschließung und Diskriminierung vorgehen, wird gleichstellungspolitische „Einmischung" in die vermeintlich inneren Angelegenheiten der Wissenschaft zum Gebot der Stunde. Wenig überraschend sahen gleichstellungspolitische Akteur*innen in den Universitätsreformen Anfang der 2000er Jahre daher ein *window of opportunity* für die nachhaltige Verankerung von Gleichstellungspolitik. Viele kooperierten in der Hoffnung, die Ziele der Universitätsleitungen seien im Sinne des Diskurses „Inklusive Exzellenz"[182] kompatibel mit den gerechtigkeitsbasierten Gleichstellungszielen.

Ähnliche Hoffnungen begleiteten die Erweiterung von Gleichstellungspolitiken, Gender-Mainstreaming und Geschlechtergerechtigkeit um Diversitätspolitik. Diese dient definitionsgemäß der Einbindung wissenschaftlicher Talente ungeachtet ihrer Herkunft, Milieu- oder sonstigen Gruppenzugehörigkeit. In der exzellenzpolitischen Argumentation pro Diversität wurde bezeichnenderweise viel über vertane Chancen in der Vergangenheit geklagt. Mangels kultureller Öffnung der Universitäten sei intellektuelles Potenzial vergeudet und damit potenzielle Höchstleistung verhindert worden. Verschwendete Chancen waren demnach vor allem versäumte Chancen im akademischen Wettbewerb, gerechtigkeitstheoretische Aspekte spielten hingegen eine vergleichsweise geringe Rolle. Im Sinne eines marktlogischen Verständnisses von *diversity policy* ging es schließlich primär um die Erwirtschaftung „ideeller Gewinne".[183] Nicht Anti-Diskriminierungspolitik, sondern Motive der Humankapitalverwertung, „der Valorisierung von Differenz und der allgemeinen Effizienz- und Produktivitätssteigerung des Wissenschaftssystems" wurden schließlich „zumindest rhetorisch – als handlungsleitend für Gleichstellungsmaßnamen, Frauenförderpolitik und Diversity Management gesetzt".[184]

Verstehen Universitäten die Relevanz von Gleichstellung und Anti-Diskriminierung jedoch vorwiegend als Beitrag zur wissenschaftlichen Wettbewerbsfähigkeit, verändern sich der Stellenwert und die inhaltliche Ausrichtung von Gleichstellungsarbeit.[185] Heute ist Gleichstellungspolitik daher verstärkt mit dem Risiko konfrontiert, dass sie durch andere Organisationsinteressen inhaltlich überformt oder vereinnahmt wird. In Birgit Erbes Studie zur Situation an deutschen Universitäten finden sich entsprechende Hinweise auf eine solche Vereinnahmung, etwa in der „Konzentration der Maßnahmen zur Umsetzung der Gleichstellungsstandards der Deutschen Forschungsgemeinschaft (DFG), der Exzellenzinitiative und des Professorinnenprogramms auf Vereinbarkeits- und Personalfragen sowie die Konkurrenz um eine kleine Elite bereits etablierter Wissenschaftlerinnen".[186]

Der deutlich weitergehende Anspruch *emanzipativer Gleichstellungspolitik* fordert hingegen eine kritisch-reflexive Haltung gegenüber gesellschaftlichen Verhältnissen, ihren Institutionen, den Geschlechterkonstruktionen, struktureller Diskriminierung und Praktiken sozialer Kategorisierung. Ohne die auch institutionenkritische, reflexive Auseinandersetzung mit diesen Ursachen von Diskriminierung und Ungleichbehandlung bleibt Gleichstellungsarbeit ansonsten gezwungenermaßen an der Oberfläche und wird auf die Rolle einer Reparaturinstitution reduziert: Schönheitsreparatur statt grundlegender Sanierung. Gleichstellungsbeauftragte können dann Kontrollrechte ausüben, Einspruch erheben, wenn Diskriminierungsverdacht besteht oder Entscheidungen schwach begründet sind. Sie können darauf achten, dass Frauen* und Angehörige marginalisierter Gruppen als Gutachter*innen, Kommissionsmitglieder, Vorsitzende bestellt werden. Sie können

Gleichstellungsberichte herausgeben oder kommentieren. All diese Rechte und Kompetenzen sind wichtig und Zeichen dafür, dass Gleichstellungsarbeit, wie es oft heißt, „endlich in der Institution angekommen ist". Doch das allein reicht nicht aus, um tatsächliche Gleichstellung zu gewährleisten oder zu verhindern, dass gleichstellungspolitische Kontrollinstrumente umgangen und unterlaufen werden - etwa durch geschickte Formulierungen oder Absprachen auf den Hinterbühnen universitärer Mikropolitik.

Emanzipative Gleichstellungsarbeit, die „an die Wurzeln" von Ungleichheit und Diskriminierung an Universitäten und Hochschulen gehen will, wie es Gudrun-Axeli Knapp im Sinne feministischer Politik fordert,[187] braucht daher ein anderes Umfeld als es die unternehmerische Universität heute bietet. Sie braucht eine veränderte, strikt gerechtigkeits- und inklusionsorientierte Organisations- und Wissenschaftskultur; eine Kultur, in der Gender-Kompetenz ebenso eine Selbstverständlichkeit ist wie die selbst-reflexive Auseinandersetzung mit jeglicher ungleichheitsstiftender Kategorisierung.[188] Das schließt etwa ein Wissen darüber ein, wie soziale Kategorisierung und Vorurteilsbildung in die Beurteilung wissenschaftlicher Exzellenz einfließt, wie eng Kompetenzerwartungen und Kompetenzzuschreibungen mit Geschlecht, Hautfarbe und anderen Ungleichheitsmarkierungen verknüpft sind, und wie es geschieht, dass Universitäten beziehungsweise ihre Gremien und Entscheidungsverantwortlichen sich immer wieder über dieses Wissen hinwegsetzen und so tun können, als legten sie „rein objektive" Maßstäbe an, die keiner weiteren Diskussion bedürfen.

Bettina Heintz zeigt anschaulich, wie diese Illusion der Objektivität entsteht.[189] Systemtheoretisch betrachtet wird wissenschaftliche Anerkennung in zwei verschiedenen Welten vergeben, in der Welt der Wissenschaft einerseits und in der Welt der Universität, also der Organisation, andererseits. Bei der Übersetzung von Anerkennung aus einer Welt (Wissenschaft) in die andere (Universität) kommt es zur folgenschweren Verschleierung von Strukturen der Bevorzugung und Benachteiligung: Die Anerkennung als exzellente*r Wissenschaftler*in erfolgt durch die Angehörigen der *scientific community*. Sie bewerten die Qualität spezifischer Beiträge; in der Mathematik mag etwa geprüft werden „Stimmt die Formel." Neben der Qualitätsüberprüfung wird aber zusätzlich eine *Zuschreibung von Reputation* an die konkrete Person vorgenommen. Hier spielt das Moment der persönlichen Einschätzung eine Rolle, was unweigerlich einher geht beispielsweise mit der geschlechtlichen Kategorisierung und Stereotypisierung der Person. Die Soziologin Celia Ridgeway spricht in diesem Zusammenhang davon, dass Geschlecht ein Superschema darstelle: wir können nicht nicht geschlechtlich kategorisieren.[190] Damit aber strukturieren auch sogenannte *implicit bias* die hochschulischen Bewertungs- und Rekrutierungsprozesse.[191] Da solche Verzerrungseffekte, die im kulturellen Unbewussten der Institution zwar vielfach abgesichert sind, im Sinne der vorgeblich universalistischen und meritokratischen Prinzipien in der Wissenschaft aber als illegitim gelten, müssen sie auf den akademischen Hinterbühnen mit erheblichem diskursiven Aufwand informell verborgen werden.[192] Auf den Hinterbühnen existiert daher die auf der Vorderbühne längst illegitime „Differenzsemantik" fort.[193] Hier finden jene „bewertenden Klassifikationsprozesse entlang von Geschlecht, Heteronormativität, sozialer Herkunft, Alter, Hautfarbe und Habitus statt, die auf der Vorderbühne nicht (mehr) legitim artikuliert werden können".[194] Die legitimen Gegenstände der Leistungsbeurteilung, die auf der Vorderbühne die Hauptrolle spielen - Publikationen, Projekte, Preise - tragen die Spuren illegitimer Bewertungen daher längst in sich.

Doch noch ein weiterer Schleier wird bei der Übersetzung von in der Wissenschaft gewonnener Reputation in die Universität über das universelle Phänomen der Kategorisierung und Stereotypisierung gezogen. Mit der Zuerkennung von Positionen und beruflichem Status objektivieren und verfestigen Universitäten *nolens volens* Reputation. Wissenschaftliche Exzellenz, mit anderen Worten, gerinnt in akademischem Status. Bettina Heintz schreibt zusammenfassend:

> Entsprechend setzen mögliche Diskriminierungsmechanismen im Wissenschaftssystem vor allem bei der Transformation von wissenschaftlicher Leistung in Reputation an, im Universitätssystem bei der Übersetzung von wissenschaftlicher Reputation in eine akademische Position. Reputation fungiert also als eine Art Scharnier, das zwischen Wissenschaft und Universität vermittelt.[195]

Und zwar ungleichheitsgenerierend vermittelt, müsste Heintz wohl ergänzt werden.

Gleichstellungsakteur*innen kennen diese Ergebnisse der Wissenschaftsforschung und wissen daher, dass tabellarische Vergleiche von Publikationsleistungen, Konferenzbesuchen und Auslandsaufenthalten ein verzerrtes Bild von „Exzellenz" abgeben. Im Sinne emanzipativer Gleichstellungspolitik müssten daher jene verborgenen Mechanismen der Übersetzung von Leistung in Reputation und von Reputation in akademischen Status immer wieder kritisch reflektiert werden. Es müsste ein offener Diskurs darüber geführt werden, nicht nur über implizite Bias, sondern über Strukturen institutioneller Diskriminierung im Allgemeinen; über Formen des institutionellen Rassismus, die darin bestehen, „Exzellenz"-Vorstellungen vornehmlich an der akademischen Welt der *weißen*

Wissenschaftler*innen zu orientieren.[196] Die Realität an unternehmerischen Universitäten zeigt aber, dass Gleichstellungarbeit umgehend in die Defensive gerät, wo sie grundlegende Fragen zu Bewertungskriterien stellt oder Reputationszuschreibung im Kontext gesellschaftlicher Ungleichheitsverhältnisse zu thematisieren sucht.

Gleichstellungsakteur*innen kennen freilich nicht nur die Risiken der Reputationszuschreibung, die in bibliometrischen Daten verborgen sind. Sie wissen außerdem, dass viele Leistungen, die für die Aufrechterhaltung des Universitäts- und Hochschulbetriebs buchstäblich *systemrelevant* sind, in jenen tabellarischen Aufzeichnungen fehlen beziehungsweise sich nicht in die gängige Währung der akademischen Reputation konvertieren lassen – so etwa die im Durchschnitt höheren Beiträge von Frauen zur „akademischen Sorgearbeit“[197] oder kollegiale Hilfestellungen und teamorientiertes Handeln. Es sind dies wichtige Voraussetzungen für „exzellente“ Forschung, die in den entscheidungsrelevanten quantitativen Leistungsdaten allerdings nicht abgebildet sind.

Gleichstellungsarbeit an sogenannten Exzellenz-Universitäten ist, so viel jedenfalls zeigen aktuelle Studien, also keineswegs der Selbstläufer, als der sie in Beiträgen zur Reformdebatte und manch wissenschaftspolitischen Initiativen zufolge einmal erscheinen mochten. Gleichstellungsarbeit steht heute vielmehr neuen Herausforderungen gegenüber, agiert in neuartigen paradoxen Handlungskonstellationen. Eine dieser paradoxen Situationen entsteht ganz einfach dadurch, dass Gleichstellungsarbeit Teil der Institution Universität geworden ist, einer Universität, deren Aufgaben wesentlich als wettbewerbsökonomisch orientiertes Handeln dargestellt und implementiert werden. Der Umbau zur vermarktlichten

Wissenschaft und unternehmerischen Universität bewirkt, dass Gleichstellungsakteur*innen Zeug*innen wie auch unfreiwillige Kompliz*innen der Benachteiligungen und Diskriminierungen sind, die mit diesem Umbau einhergingen.

Managerialisierung

Mit der Einführung von *New Public Management* stellten Universitäten von akademischer auf stärker hierarchische, aus unternehmerischen Organisationen entlehnte Formen von Selbststeuerung um; sie stärkten die Universitätsleitungen und erklärten Gleichstellungs- wie Diversitätspolitik zu deren Aufgabe. Was Gleichstellungsakteur*innen vormals *bottom-up* erkämpfen mussten, konnte nun durch die Hand der Universitätsleitung *top-down* veranlasst werden. Gleichstellungsarbeit wurde mit konkreten Befugnissen ausgestattet, etwa mit Einspruchs- und Kontrollrechten in formalisierten Personalverfahren. Gleichstellungseinrichtungen erhielten Instrumente wie das Gleichstellungscontrolling an die Hand, das zur Professionalisierung von Gleichstellungsarbeit beitrug. Damit schien eine solide Basis für wirksame Maßnahmen der Gleichstellung und Antidiskriminierung geschaffen.

Der Steuerungsoptimismus der Reformdiskurse weckte Hoffnungen auf eine bürokratische Rationalisierung und damit auf mehr Transparenz und Gerechtigkeit. Für Gleichstellungsakteur*innen und Hochschulleitung schien ein vielversprechendes Arrangement gefunden, um die Arbeit gegen hartnäckige Strukturen sozialer Benachteiligung voranzutreiben. Diese Hoffnungen erwiesen sich jedoch als trügerisch und überzogen, das zeigen auch die Befunde institutionalistischer Organisationsforschung. Wir gehen im Folgenden auf zwei Punkte ein: Erstens auf die Einschränkung der Steuerbarkeit von Universitäten als „Professionsorganisationen"; zweitens auf das bereits angesprochene Problem, dass Universitäten sich unter dem Druck neuer Umwelterwartungen im Bereich gleichstellungs- und diversitätspolitischer Ziele auf eine Position strategischer Anpassung beschränken, und damit einen grundlegenden Kulturwandel blockieren, der für die Realisierung emanzipatorischer Gleichstellungsarbeit erforderlich wäre.

Professionsorganisation - lose Kopplung

Trotz immenser Umbauten im Zuge ihrer „Organisationswerdung" haben Universitäten eine Besonderheit bewahrt, die erklärt, warum sie weiterhin nur begrenzt steuerungsfähig sind. Sie bleiben Professionsorganisationen, hybride Wesen, die zwei unterschiedlichen, nicht zwingend komplementären Logiken folgen, der Logik der Organisation und der Logik der akademischen Profession.[198]

Der Organisationslogik folgend implementieren Universitäten Elemente hierarchischer Selbststeuerung, treffen bei regulierenden Eingriffen aber auf die Autonomieansprüche und Selbstorganisation der akademischen Profession. Zwischen den Logiken der Organisation und jener der akademischen Profession besteht ein inhärentes Spannungsverhältnis: Die Organisation ist auf die kreativen kognitiven Leistungen ihrer Mitglieder angewiesen, schließlich erbringen sie die Beiträge zur wissenschaftlichen Kernaktivität der Universität. Die Organisation kann die Aktivitäten aber nicht selbst anordnen oder erzwingen, sie muss vielmehr darauf vertrauen, dass ihre Mitglieder sie aus freien Stücken erbringen. Allenfalls kann sie indirekt Druck ausüben, über Anreiz- und Kontrollsysteme wie *pay for performance* und indikatorengesteuerte Mittelzuweisung, über die Gestaltung von Beschäftigungsverhältnissen und Arbeitsbedingungen. In jedem Fall hat aber die Universität beziehungsweise ihre Leitung nur bedingte Durchgriffsmöglichkeiten auf die wissenschaftlichen Aktivitäten ihrer Mitglieder. Zwischen Organisationszielen und ihrer Umsetzung, zwischen Struktur und Handeln, besteht eine Beziehung „loser Koppelung".[199]

Diese Darstellung von Universität aus der Perspektive institutionalistischer Organisationsforschung erklärt auch, warum Professor*innen ein erhebliches Machtpotenzial an reformierten Universitäten bewahren können. Ihre Macht besteht in der Kontrolle der Kernaktivitäten der Universität, der Erbringung qualitativ hochwertiger Forschung und Lehre. Universitätsleitungen antizipieren, dass sich die akademische Profession mit unzähligen Mitteln gegen Bevormundung und Einmischung wehren kann - und wehren wird. Sie meiden daher nach Möglichkeit die offene Konfrontation und harte Übergriffe in das Hoheitsgebiet der Professor*innenschaft. Stattdessen pflegen sie in der Regel eine konfliktvermeidende Konsenskultur und setzen auf Maßnahmen, die auf Freiwilligkeit beruhen, folglich sanktionsfrei umgangen werden können.[200] Die Professor*innenschaft entzieht sich ihrerseits der direkten Beobachtung und immunisiert sich gegen Kritik. Sie verschiebt heikle Gremienentscheidungen typischerweise aus dem formal geregelten Raum und verlagert sie auf das informelle Terrain von Vorbesprechungen oder inoffiziellen Treffen. Diese Praktiken auf den hochschulischen Hinterbühnen können Gleichstellungsverantwortliche wiederum kaum kontrollieren.

Die hierarchische Selbststeuerung der Universität ist daher gleichstellungspolitisch weit weniger effektiv als erhofft. Universitätsleitungen scheinen jedenfalls weit davon entfernt, den Ungleichheitsverhältnissen „an die Wurzel“ zu gehen, solange sie auf Maßnahmen setzen, die auf Freiwilligkeit beruhen und sie dem Geschehen um informelle Absprachen, die zur Verstetigung von Diskriminierung führen, oft tatenlos zusehen.

Strategische Anpassung an Umwelterwartungen und gleichstellungspolitische Selbstbeschränkung

Mit der Umsetzung von hochschulpolitischen Reformen haben viele Universitäten kaum einen Stein auf dem anderen gelassen. Der Umbau hielt sich aber keinesfalls an ein einheitliches Skript. Reformideen transportieren ein Bündel von Ideen, in der Sprache institutionalistischer Organisationsforschung handelt es sich um ein Bündel neuer, aber auch alter Umwelterwartungen, auf die Universitäten reagieren müssen, um ihre Existenz zu legitimieren. Diese Umwelterwartungen sind in sich widersprüchlich, daraus rühren mitunter erhebliche Zielkonflikte. In der Regel bewältigen Organisationen solche Konflikte, indem sie eine Priorisierung der Ziele vornehmen - nach Maßgabe ihrer Bedeutung und Dringlichkeit. So kann auch das Vorgehen von Universitäten verstanden werden. Sie erfüllen eine Reihe von Umwelterwartungen, andere stellen sie hintan oder reagieren minimalistischer. Statt neue Regeln und Normen umfassend zu befolgen und damit *substanzielle* Anpassungen an Umwelterwartungen zu betreiben, gehen Universitäten in der Regel - wie andere Institutionen im Übrigen auch - den Weg der *strategischen* Anpassung. Manch neue Spielregel erfüllen sie auf Punkt und Komma, andere hingegen nur ansatzweise.

So verhalten sich Universitäten auch im Hinblick auf Gleichstellungserwartungen strategisch zurückhaltend.

Sie tun dies, indem sie vielerorts erst einmal eine neue Stelle für Diversity-Agenden schaffen. Vergleichbar zu universitären Gleichstellungsdokumenten und Diversity-Leitbildern setzt auch der Stellen-„Anbau“[201] vermeintlich ein sichtbares Zeichen gegenüber der Umwelt: er demonstriert, dass die Organisation Verantwortung für ein neues Problem übernimmt. Dabei wissen alle, dass nicht die Stelle als solche für den organisationellen Wandel entscheidend ist, sondern ihre Ausstattung mit Entscheidungs- und Handlungskompetenz, wieviel Macht ihr also eingeräumt wird, auf die Prozesse von Leistungsmessung und Leistungsbewertung sowie, vor allem, Rekrutierung transformierend einwirken zu können. Getreu der bereits angesprochenen Devise „tun, was gut aussieht und wenig kostet“ reagieren Universitäten mit der Einrichtung von Stabsstellen für Gender- und Diversitätspolitik also zwar sichtbar auf gleichstellungs- und diversitätspolitische Umwelterwartungen, stören damit in der Regel aber nicht groß den laufenden Betrieb – und haben damit schon gar nicht einen Zugriff auf das Geschehen auf den akademischen Hinterbühnen.

Ohnehin lokalisiert die Kategorie „Stabsstelle“ die Agenda der Gleichstellung von vornherein am Rande des machtpolitischen Geschehens. Per definitionem haben sie nur beratende Funktion und keinerlei formalisierte Durchgriffsrechte in der Hierarchie, sind also darauf angewiesen, auf den Hinterbühnen eine tragende Rolle zu ergattern oder aber selbst eine Hinterbühne zu schaffen, auf der sie die Figuren platzieren und das Skript gestalten. Die Ansiedlung einer Stabsstelle zwar am Rande, aber doch im Machtzentrum der Organisation bedeutet umgekehrt, dass die Leitung ihren Einfluss auf die personale Besetzung geltend machen und übertragene Aktivitäten aus nächster Nähe mitverfolgen kann. Was auf dieser

Stelle passiert, und überhaupt passieren kann, entscheidet – in der Regel – die Universitätsleitung. Wenn sie keine aktive Gleichstellungs- und Diversitätspolitik verfolgen will oder fürchtet, damit in Konflikt mit der Kurie der Professor*innen zu gelangen, stattet sie die Stelle schlecht aus und hält ihre Inhaber*innen auf Distanz zu allen relevanten Aktivitäten strategischer Organisationsentwicklung.[202]

Mit einer solchen „Anbau-Strategie" können Universitäten folglich mehr Aktivität nach außen darstellen als sie tatsächlich betreiben, vielleicht sogar anderes darstellen als sie tatsächlich anstreben. Der Unterschied zwischen Reden und Tun ereignet sich dabei nicht zufällig, er kann das Resultat sorgfältiger Überlegung darstellen, wie auf einen Konflikt zu reagieren ist – zwischen von außen herangetragenen widersprüchlichen Umwelterwartungen oder zwischen externen Anforderungen und internen Erwartungen. Universitätsleitungen können Stabsstellen dann etwa nützen, um Gleichstellungsgovernance zu demonstrieren, zugleich aber potenzielle Ängste vor und Widerstand gegen Veränderung innerhalb der Organisation zu reduzieren, indem die Stelle mit Aufgaben betraut wird, die niemandem weh tun, zugleich aber vorzeigbare Aktivität demonstrieren. Die Stelle wird betraut mit der Durchführung von Aufmerksamkeitskampagnen, sie ist für die Produktion von Imagefilmen und Broschüren zuständig oder für Monitoring und Reporting, was mit der Einführung von *New Public Management* zentrale Bedeutung erlangte.

Sara Ahmed legte in diesem Zusammenhang am Beispiel der Einführung von *race equality policy* an britischen Universitäten dar, wie *New Public Management* diesen Modus *strategischer* Anpassung forcierte.[203] Im mehrfachen Wortsinn, so Ahmed, habe *New Public Management* nämlich eine Performance-Kultur geschaffen. Zum einen müssten sich Universitäten rechtfertigen und Leistungen im Bereich von *race equality policy* nachweisen. Zum anderen sei es legitim, diese Leistungen lediglich als bürokratische Übung zu betreiben, indem Arbeitsgruppen gebildet werden, die Berichte schreiben und Formulare ausfüllen. Solche *ticking box exercises* hätten Ahmed zufolge wenig bis gar keinen Effekt auf die Strukturen von institutionellem Rassismus an britischen Universitäten gehabt. Sie wirkten eher als Beschäftigungstherapie für Gleichstellungsakteur*innen und hielten sie von wirksamen Maßnahmen zur Bekämpfung von institutionellem Rassismus ab.

Diversity-Beauftragte, mit anderen Worten, sind ausgelastet mit der Erstellung von Schriftstücken und haben darüber hinaus weder ausreichend Zeit noch Energie, um die Wirkung ihrer Aktivitäten zu evaluieren oder gar echten Wandel herbeizuführen. *Race equality policy* erschöpfe sich darin, schreibt Ahmed, sich um die Schriftstücke statt um die Sache zu kümmern. „Am Ende des Tages hast du das Dokument gemacht und nicht das, was wirklich zu tun ist“, zitiert sie eine ihrer Interviewpartnerinnen.[204] Die in diesem Prozess performativ erzeugte „Einschätzung, eine vorbildliche Richtlinie geschrieben zu haben“, wird übersetzt in „gut in *race equality* zu sein“.[205] Das Dokument wird so zum Nachweis, dass die „Welt, die es dokumentiert (Rassismus, Ungleichbehandlung, Ungerechtigkeit)“, bereits überwunden ist. Wieder erkennen wir das gleichstellungspolitisch paradoxe Muster von Reden versus Tun in der Weise, wie sich Universitäten mit *race equality policy* strategisch an Umwelterwartungen anpassen. Statt einer fundierten Auseinandersetzung mit den Ursachen und Reproduktionsbedingungen von institutionellem Rassismus, werden bürokratische Lösungen und die pragmatische Operationalisierung von Gleichstellung gesucht und bevorzugt. *Diversity*

Akteur*innen befassen sich mit formalen Fragen, mit der Erstellung von Berichten und Aktivitäten, die den täglichen Betrieb kaum stören und vor allem zur Unsichtbarmachung jener Ungleichbehandlungen beitragen, „die die Schaffung solcher Systeme überhaupt erst erforderlich" gemacht hatten.[206]

Herausforderungen für Gleichstellungspolitik

Das Gleichstellungsparadox benennt also eine komplexe organisationspolitische Situation, in der ein vergleichsweise hoher gleichheits- und diversitätspolitischer Aktivitätsgrad lediglich schwache Wirkung gegen hartnäckige Ungleichheitsprobleme an Universitäten entfaltet. Wir haben eine Reihe von Erklärungen dafür angeführt: beginnend mit dem Legitimationsdruck der Exzellenzdiskurse und -politiken bis zu den Einschränkungen der Steuerbarkeit von Professionsorganisationen und den halbherzigen Bemühungen um die soziale und kulturelle Öffnung von Universitäten. Wir wollen jedoch nicht alle Universitäten über einen Kamm scheren. Denn es gibt sie, die Beispiele von engagierten, um einen effektiven Struktur- und Kulturwandel bemühten Universitäten und Hochschulen.[207] Entscheidend für ihre Entwicklung sind, und das mag überzeugte Fans neuer Governance überraschen, nicht die neuen Steuerungsinstrumente, der Managerialismus, nicht mal die Exzellenzpolitik und die Maxime der Sicherung der „besten Köpfe". Vielmehr sind es die handelnden Personen in der Organisation, insbesondere Gleichstellungsakteur*innen „mit hoher intrinsischer Motivation als treibende Kräfte, die sich innerhalb der Universität sichtbar für die Verwirklichung der Geschlechtergleichstellung einsetzen".[208] Hinsichtlich geschlechtlich bedingter Ungleichheit wesentlich ist hier zudem die in der Organisation verfügbare Geschlechter-Kompetenz. Sie beruht auf kritischem Grundlagenwissen über heteronormative, sexistische Geschlechterkonstruktionen oder asymmetrisierende, vergeschlechtlichte Bewertungsmechanismen gepaart mit einem (geschulten) Bewusstsein für Gerechtigkeitsfragen. Auch auf der universitären Leitungsebene ist Geschlechter-Kompetenz entscheidend für die Kommunikation über die Maßnahmen gegen institutionelle Diskriminierung. An dritter Stelle nennt Birgit Erbes Studie über „Gleichstellung im Kontext neuer Governance" schließlich die Infrastruktur für Gleichstellungsarbeit. Mangelnde Ausstattung bedeute nämlich nicht nur mangelnde Effektivität in der Gleichstellungsarbeit, sie schaffe auch ein hohes Risiko für Frustration, soziale Ausbeutung und psychische Erschöpfung der Stelleninhaber*innen.

Gleichstellungs- und diversitätspolitisch erfolgreichere Universitäten dagegen verfügen über Maßnahmen gleichstellungs- und diversitätspolitischer *Kompetenzvermittlung* in der Organisation. Sie entwickeln detaillierte Gleichstellungspläne, bemühen sich um die Implementation von *policy cycles,* die eine systematische Umsetzung von Gleichstellungszielen anleiten.[209] Erfolgreichere Universitäten verfügen aber vor allem auch über breite Netzwerke von engagierten, feministisch politisierten Gleichstellungsakteur*innen. Dort ziehen viele Kräfte beharrlich an einem Strang, an unterschiedlichen Orten und auf verschiedenen Hierarchiestufen, insbesondere auch in der Leitung. Diese Netzwerke blicken mitunter auf eine gemeinsame Geschichte und teilen gleichstellungspolitische Überzeugungen, Gender-Kompetenz und mikropolitische Erfahrungen.[210] In manchen Fällen reichen diese Erfahrungen Jahre und Jahrzehnte zurück, in die Zeit vor den großen Universitätsreformen in den 2000er

Jahren. Damals kämpften feministische Aktivist*innen in den Gremien universitärer Selbstverwaltung, mit pragmatischer Haltung oder aus politischer Überzeugung, waren aber in Ermangelung effektiver institutioneller Mittel und Instrumente zur Durchsetzung ihrer Forderungen nur bedingt erfolgreich.

Mit der Managerialisierung änderten sich die Voraussetzungen für feministische und sozialinklusive Politik an Universitäten grundlegend. Die Durchsetzungswahrscheinlichkeit für diese Politik wächst aber nicht durch neue formale Abläufe und Rechtfertigungspflichten. Die Erfahrung mit den jüngsten Universitäts- und Hochschulreformen zeigt, dass es die Strukturen des feministischen Aktivismus und das Wissen und die Wachsamkeit engagierter Menschen braucht, um die Mechanismen der Managerialisierung effektiv für Zwecke der Gleichstellung und sozialen wie kulturellen Inklusion nützen zu können. Wo diese Beziehungen und Netzwerke aus politisch bewegten, gender- und diversitätskompetenten Akteur*innen fehlen, kommt auch Gleichstellungs- und Inklusionsarbeit kaum voran. Diese Erkenntnis bedeutet zweierlei: einerseits verleiht sie den Gleichstellungsakteur*innen Anerkennung, die einen hartnäckigen Kampf gegen die Windmühlen institutioneller Veränderungsresistenz führen; andererseits aber folgt daraus die gleichermaßen ernüchternde wie optimistische Einsicht, dass der dringend erforderliche soziale und kulturelle Wandel in den Universitäten nach wie vor wesentlich auf den Schultern engagierter Akteur*innen ruht, statt zur Sache der Politik gemacht und der Verantwortung der Universitätsleitungen übertragen zu werden.

In und von der Universität. Schlussbetrachtung

Universitäten heute sind atemlos machende Orte vielfältiger, sozial bedingter und sozial hergestellter Ungleichheit, geprägt durch Geschlecht, Klasse, *race*, sexuelle Identität, Habitus, Behinderung und Migrationsstatus. Das ist das wiederkehrende Argument dieses Buches. Sie rekrutieren ihre Studierenden und das akademische Personal aus einheimischen, *weißen*, akademisch gebildeten und ökonomisch gefestigten Milieus, sie bevorzugen cis-männliche Personen mit den Vornamen Thomas, Stephan oder Dirk und gewähren Kevin, Ayşe, Mandy und Cemal im besten Fall einen Platz in den Kulissen. Eindrucksvoll zeigen dies die Zahlen, die Parminder Bakshi-Hamm und Inken Lind bereits 2008 für eine Studie zu Akademikerinnen mit Migrationshintergrund an deutschen Universitäten und Hochschulen zusammengetragen haben. Nur zwei Prozent dieser ohnehin sehr kleinen Gruppe gehörten zum damaligen Zeitpunkt zur Gruppe der sogenannten „Bildungsinländer*innen", das heißt zur Gruppe jener Personen, die entweder selbst im Ausland geboren oder aber als Kinder von im Ausland geborenen Eltern in Deutschland aufgewachsen sind und ihre Schul- und Hochschulausbildung in Deutschland absolviert haben.[211]

Betrachten wir diese Zahl im Lichte einer anderen Zahl, nämlich der, dass 64 Prozent der Professor*innen mit Migrationshintergrund aus der Mittelschicht stammen und die meisten von ihnen *weiße* Europäer*innen sind, bestätigt das unser Argument, dass Geschlecht und Klasse, *race* und Migrationsstatus entscheidende Parameter sind, die den Zugang zur akademischen Profession regulieren. „Frauen und andere Minderheiten", um diese gleichermaßen falsche wie abschätzige, gleichwohl häufig gebrauchte Formulierung zu gebrauchen, sind, mit anderen Worten, noch immer eine „Absenz", wie Friederike Hassauer einst in Bezug auf die Situation von Frauen in der Wissenschaft schrieb.[212] In der symbolischen Ordnung der Wissenschaft, fährt Hassauer fort, seien Wissenschaftlerinnen nicht symmetrisch zu Männlichkeit repräsentierbar, da wissenschaftliche Autorität sich nicht symmetrisch auf Weiblichkeit zuschieben ließe; eine „geschlechtsabstinente symbolische Ordnung" wolle der Wissenschaft daher einfach nicht gelingen.[213] Heute sind cisweibliche Personen zwar in deutlich größerer Zahl als zum Zeitpunkt von Hassauers Feststellung zu Beginn des Jahrtausends *in* den Universitäten zu finden, aber sind sie – genau so wie Angehörige aus anderen bis heute von hochschulischer Bildung fern gehaltene Gruppen – deshalb auch *von* der Institution? Dürfen sie den Rasen betreten oder ist dieser weiter den Fellows und Gelehrten vorbehalten?[214] Hat die in Jahrhunderten männlich-homosozialer akademischer Vergemeinschaftung entstandene brüderliche Geschäftsordnung der Wissenschaft heute also einer anderen, inklusiveren, geschlechtergerechteren, demokratischeren Ordnung Platz gemacht? Zweifel sind angebracht.

Eine kritische Debatte zur Zukunft der Universität ist daher längst überfällig. Und das heißt, wie wir auch zu zeigen hofften, mehr und anderes, als bloß „gute Dokumente zu schreiben", die den demokratischen Wandel behaupten, damit aber unter Umständen dazu beitragen, genau jene Ungleichbehandlungen zu verbergen, die die Produktion der Dokumente überhaupt erst erforderlich gemacht hatten.[215] Welchen Wandel also braucht es, damit die Zukunft der Universität nicht länger eine der Ungleichheit ist? Wie imaginieren wir die Universität der Vielen? Müssen wir die Universität aufgeben, um sie neu erfinden zu können, um sie *anders* wirklich werden zu lassen? *Imagine the abolition of the university as we know it.*

Die *eine* Antwort auf diese Frage gibt es nicht, haben auch wir nicht, unstrittig ist für uns aber, dass die Universität stärker als bislang als ungleichheitsgenerierende Institution in den Blick gerückt werden muss. Dass sie eine Gemeinschaft der Gleichen sei, war und ist eine Fiktion, die auf geschlechtlicher, klassenbasierter, rassifizierter und historisch über lange Zeit auch religiöser Homogenität beruhte. Die Mechanismen von In- und Exklusion, der Beförderung und Behinderung akademischer Karrieren müssen daher als *institutionelle Mechanismen* untersucht und bekämpft werden. Wenngleich sie auch all das sind, so erschöpfen Rassismus und Sexismus, Misogynie und andere Formen der „gruppenbezogenen Menschenfeindlichkeit"[216] sich nicht in unbewusst wirkenden Vorurteilen und Stereotypen; sie werden nicht allein von Individuen mit Vorurteilen produziert, die Macht über den Zugang zu den Institutionen haben, sondern *von und in den Institutionen* selbst. Wir brauchen daher mehr und bessere Analysen sowohl zum Zusammenhang von institutionellem Rassismus, klassenbedingten Benachteiligungen und geschlechtsbezogenen Ungleichheiten als auch dazu, wie diese Mechanismen in die Routinen und Praktiken der unternehmerischen, vermessenden Universität eingewoben sind. Wiewohl uns bewusst ist, dass Geschlecht, Klasse und *race* bei weitem nicht die einzigen Vektoren von Ungleichheit und Marginalisierung sind, wäre schon viel gewonnen, hätten wir ein besseres Verständnis davon, wie dieses komplexe

Gefüge der Ungleichheit auch die neoliberale Universität – ihre gleichstellungspolitischen Praktiken eingeschlossen – prägt und die Dynamiken von Inklusion und Exklusion reguliert.

Insofern wir es also mit vielschichtig ineinandergreifenden Systemen zu tun haben, die auf Diskursen beruhen, in kulturellen Überzeugungen über „Geschlecht" und „Rasse" verwurzelt und in Institutionen und Strukturen eingebettet sind, und dergestalt Ressourcen menschlichen Handelns in Institutionen darstellen, gilt es hier drei Dimensionen besonders in den Blick zu nehmen: die epistemische Dimension, die institutionelle oder strukturelle Dimension und die subjektive Dimension. *Fix the knowledge + fix the system (structure and behavior and attitudes) = fixing the numbers,* wie es in der feministischen Hochschulforschung und -politik heißt, also repariert das Wissen, repariert das System und sorgt so für faire Repräsentation.[217] Das ist noch immer das Programm.

Wir wollen das in aller gebotenen Kürze ausführen: In *epistemischer* Hinsicht geht es darum, die Produktion und Vermittlung von Wissen als genuin politischen Vorgang zu begreifen, der der systematischen und kritischen wissenschaftlichen Untersuchung bedarf. Die historische, kulturelle und politische Bedingtheit von Wissen muss ebenso analysiert werden wie die Rolle der Universitäten in den rassifizierten und kolonial strukturierten globalen Wissensindustrien. Und das schließt ein, rassistisches und sexistisches Wissen zu konfrontieren und überwinden, abwertende dominanzkulturelle Diskurse, Bilder und Symbole, rassistische und sexistische Differenzkonstruktionen zu dekonstruieren, zu fragen, was und wer auf welche Weise und nach welchen Kriterien kategorisiert wurde und wird, welche epistemischen Traditionen und welches Wissen kanonisiert, welches marginalisiert und unterdrückt wurde.

In *institutioneller* Hinsicht geht es um die politischen und rechtlichen, aber auch die sozialen und kulturellen Rahmenbedingungen, die die strukturellen Formen von Diskriminierung, Schichtung und Ausgrenzung organisieren und absichern; um den formellen und informellen Zugang zu Bildung, (gut) bezahlter Arbeit, akademischen Karrieren und hochschulpolitischen Ämtern; um Fragen der Repräsentation – der Name der Universität oder ihrer Gebäude, Statuen auf dem Campus, Bildergalerien bekannter weißer männlicher Universitätsmitglieder in der Eingangshalle und so weiter. Und hinsichtlich der *subjektiven* Dimension müssen in der Tat auch bewusste und intuitive Überzeugungen und Einstellungen der Einzelnen in Bezug auf die Unter- oder Überlegenheit anderer in den Blick gerückt und aktiv verlernt werden. Hier gilt es, eine Haltung zu erlernen, wie sie Bartleby, der Schreiber in Herman Melvilles berühmter Erzählung, praktiziert, die Haltung des *I would prefer not to*: Ich möchte lieber nicht – an Dominanzkultur partizipieren. Auch im Denken, Forschen, Lehren nicht.[218]

Dies gesagt, möchten wir mit folgender Überlegung schließen: An der Universität über Diskriminierung und Benachteiligung, Rassismus und Sexismus, Misogynie und Misogynoir, Homo- und Transfeindlichkeit, Ableismus und Xenophobie zu sprechen, ist längst noch keine Selbstverständlichkeit. Eine der Auswirkungen dieses Ver/Schweigens ist, dass eine spezifische Angst immer nur einen Wimpernschlag entfernt ist, die Angst nämlich, von Rassismus, Sexismus oder Homophobie zu sprechen, werde nur als Lärm, als Störung gehört werden können. Es ist die Angst, als *killjoy* abgestempelt zu werden, die den anderen den Spaß und das Spiel verdirbt, wie Sarah Ahmed schreibt.[219] Und genau das geschieht: Diejenigen, die versuchen Diskriminierung, Marginalisierung und

Anfeindungen anzusprechen, machen häufig die Erfahrung, selbst zu dem Problem zu werden, das sie zu thematisieren suchen. Sie sind es, die dann scheinbar die Abläufe stören, Ungemach in die Gremien tragen, die Stimmung verderben. Um in den akademischen Einrichtungen zu überleben, scheint es daher oft angebracht zu sein, Rassismus und Sexismus, Homo-, Trans- und Cripfeindlichkeit[220] nicht anzusprechen, sich ruhig zu verhalten und die eigene Sichtbarkeit aktiv zu verringern, anstatt sie durch solcherart Interventionen noch zu erhöhen.

Bedeutet daher Demokratisierung des Zugangs zu Bildung im Allgemeinen und zu Hochschulbildung im Besonderen, dass in Zukunft ausnahmslos jede Person wird sagen können, sie sei *von* und nicht nur *in* der Institution, dass sie wird sagen können, mein Platz ist auf dem Rasen und die Universität mein Zuhause, dann gilt es, eine akademische Kultur zu schaffen, in der die schon vor mehr als hundert Jahren von W.E.B. Du Bois gestellte Frage „Wie fühlt es sich an, ein Problem zu sein?", endlich eine Frage der Vergangenheit ist.[221] Die Universität der Zukunft ist die Universität der Vielen – oder sie ist nicht.

Anmerkungen

1 Richard HALL, *The Hopeless University. Intellectual Work at the end of The End of History,* Exeter 2021.
2 Bill READINGS, *The University in Ruins,* Cambridge 1997.
3 Emily NGUBIA KURIA, *eingeschrieben. Zeichen setzen gegen Rassismus an deutschen Hochschulen,* Berlin 2015; Vanessa Eileen THOMPSON, Alexander VORBRUGG, „Rassismuskritik an der Hochschule. Mit oder trotz Diversity-Policies?", in: *Prekäre Gleichstellung. Geschlechtergerechtigkeit, soziale Ungleichheit und unsichere Arbeitsverhältnisse in der Wissenschaft,* Wiesbaden 2018, 79–99.
4 Universitätsstreiks unter anderem in Australien (2013, 2017), England (2018, 2022), in Frankreich (2009), Chile (2011), Österreich (1987, 1996, 2009), Südafrika (2015/16).
5 Amrei BAHR, Kristin EICHBORN, Sebastian KUBON, *#IchBinHanna. Prekäre Wissenschaft in Deutschland,* Berlin 2022.
6 Netzwerk für gute Arbeit in der Wissenschaft, https://mittelbau.net.
7 Jamilah JAHI, „Why isn't my professor black?", in: *UCL,* https://blogs.ucl.ac.uk/events/2014/03/21/whyisntmyprofessorblack/, eingesehen am 15.09.2022; siehe hierzu auch Mark CHRISTIAN, *Integrated but unequal. Black faculty in predominantely white space,* Trenton 2012.
8 Paul HILDEBRANDT, „Auf seinem Tisch lag ein Stock", in: *Zeit Campus,* https://www.zeit.de/campus/2022/04/sexualisierte-gewalt-studentinnen-universitaet-goettingen-aufarbeitung, eingesehen am 27.09.2022; Claudia Gertraud SCHWARZ-PLASCHG, *On its 20th anniversary, my testimonial on the Harvard STS Program,*

https://medium.com/@claudia_gertraud/on-its-20th-anniversary-my-testimonial-on-the-harvard-sts-program-64100f6caac7, eingesehen am 10.11.2022.

9 Ariane LEENDERTZ, „Die Macht des Wettbewerbs. Die Max-Planck-Gesellschaft und die Ökonomisierung der Wissenschaft seit den 1990er Jahren", in: *Vierteljahreshefte für Zeitgeschichte 70,* Band 2, 2022, 235–271.

10 Wendy BROWN, „Die Ausbildung des Humankapitalismus", in: Wendy BROWN (Hg.), *Die schleichende Revolution. Wie der Neoliberalismus die Demokratie zerstört,* Berlin 2015, 209-241; Henry A. GIROUX, *Neoliberalism´s War on Higher Education,* Toronto 2014; Jan MASSCHELEIN, Jan SIMONS, *Jenseits der Exzellenz. Eine kleine Morphologie der Welt-Universität,* Berlin 2010.

11 Eva BARLÖSIUS, *Die sozialisierte Universität. Ein programmatischer Essay,* Wien (im Erscheinen).

12 Michael POWER, *The Audit Explosion,* London 1994.

13 Rosalind GILL, „Auditieren, quantifizieren, zerstören. Vom Leben in der neoliberalen Universität", in: Sabine HARK, Johanna HOFBAUER (Hg.), V*ermessene Räume, gespannte Beziehungen. Unternehmerische Universitäten und Geschlechterdynamiken,* Berlin 2018, 340–372.

14 Zur Geschichte der Universität siehe u.a. Reinhard BRANDT, *Wozu noch Universitäten? Ein Essay,* Hamburg 2010.

15 Franz KAFKA, „Er. Aufzeichnungen aus dem Jahre 1920", in: Franz KAFKA (Hg.), *Beschreibung eines Kampfes. Novellen, Skizzen, Aphorismen aus dem Nachlaß,* Frankfurt am Main 1983, 216–222.

16 Peter GLOTZ, *Im Kern verrottet? Fünf vor zwölf an Deutschlands Universitäten,* Frankfurt am Main 1996.

17 BARLÖSIUS, *Die sozialisierte Universität. Ein programmatischer Essay.*

18 Peter-André ALT, *Exzellent? Zur Lage der deutschen Universität,* München 2021, 160.

19 J. RUDNICKA, „Anzahl der Studienanfänger/-innen im ersten Hochschulsemester in Deutschland in den Studienjahren von 1995/1996 bis 2021/2022", in: *Statista,* https://de.statista.com/statistik/daten/studie/4907/umfrage/studienanfaenger-in-deutschland-seit-1995/,

eingesehen am 05.08.2022; J. RUDNICKA, „Entwicklung der Studienanfängerquote in Deutschland von 2000 bis 2021", in: *Statista,* https://de.statista.com/statistik/daten/studie/72005/umfrage/entwicklung-der-studienanfaengerquote/, eingesehen am 24.01.2022.

20 BMBWF (BUNDESMINISTERIUM BILDUNG, WISSENSCHAFT UND FORSCHUNG), *Universitätsbericht 2020. Executive Summary,* Wien 2021, 32–34.

21 Lukas DAUBNER, „Leitbildprosa reicht nicht. Kann man Diversität in der Universität managen?", in: *Forschung & Lehre,* Band 3, 2018, 202–203.

22 Marc SPOONER, „Qualitative Research and Global Audit Culture", in: Norman K. DENZIN, Yvonna S. LINCOLN (Hg.), *Sage Handbook of Qualitative Research,* Thousand Oaks 2018, 906.

23 Sünne ANDRESEN, Irene DÖLLING, Christoph KIMMERLE, *Verwaltungsmodernisierung als soziale Praxis. Geschlechter-Wissen und Organisationsverständnis von Reformakteuren,* Opladen 2003, 15–20; Jörg BOGUMIL u.a., *Modernisierung der Universitäten. Umsetzungsstand und Wirkungen neuer Steuerungsinstrumente,* Berlin 2013; Sabine HARK, Johanna HOFBAUER (Hg.), *Vermessene Räume, gespannte Beziehungen. Unternehmerische Universitäten und Geschlechterdynamiken,* Berlin 2018; Martin RANDY, *Under New Management. Universities, Administrative Labor, and the Professional Turn,* Philadelphia 2011; Brigitte AULENBACHER, Anne FLEIG, Birgit RIEGRAF, „Organisation, Geschlecht, soziale Ungleichheiten", in: *Zeitschrift Feministische Studien 28,* Heft 1, Berlin 2010; Nancy RICHTER, *Organisation, Macht, Subjekt. Zur Genealogie des modernen Managements,* Bielefeld 2014.

24 Julia NENTWICH, Ursula OFFENBACHER, „Kennzahlen als verräterische Verbündete. Eine übersetzungstheoretische Perspektive auf hochschulische Gleichstellungsreformen", in: Sabine HARK, Johanna HOFBAUER (Hg.), *Vermessene Räume, gespannte Beziehungen. Unternehmerische Universitäten und Geschlechterdynamiken,* Berlin 2018, 283–310.

25 Uwe VORMBUSCH, *Die Herrschaft der Zahlen. Zur Kalkulation des Sozialen in der kapitalistischen Moderne,* Frankfurt am Main 2012.

26 Leon HEMPEL, Susanne KRASMANN, Ulrich BRÖCKLING, *Sichtbarkeitsregime. Überwachung, Sicherheit und Privatheit im 21. Jahrhundert (Leviathan Sonderheft 25)*, Wiesbaden 2010.

27 Willem HALFFMAN, Hans RADDER, „The Academic Manifesto: From an Occupied to a Public University", in: *Minerva 53*, 2015, 165–187, hier 167, Übers. d. Verf.

28 Ebenda, 167, Übers. d. Verf.

29 Eva BARLÖSIUS, *Die Macht der Repräsentation. Common Sense über soziale Ungleichheiten*, Wiesbaden 2005.

30 Bettina HEINTZ, „Zahlen, Wissen, Objektivität. Wissenschaftssoziologische Perspektiven", in: Andrea MENNICKEN, Hendrick VOLLMER (Hg.), *Zahlenwerk, Kalkulation, Organisation und Gesellschaft*, Wiesbaden 2007, 65–85, hier 78.

31 Zitiert nach Désirée SCHAUZ, „Umstrittene Analysekategorie - erfolgreicher Protestbegriff. Debatten über Ökonomisierung der Wissenschaft in der jüngsten Geschichte", in: Rüdiger GRAF (Hg.), *Ökonomisierung. Debatten und Praktiken in der Zeitgeschichte*, Göttingen 2019, 262–296, hier 262.

32 Gerald WAGNER, *Weniger Wettbewerb wagen*, https://zeitung.faz.net/faz/geisteswissenschaften/2022-11-02/3f5fbeb04116a94b26fb36903172cbb4/?GEPC=s3, eingesehen am 15.11.2022.

33 Margit OSTERLOH, Bruno S. FREY, „Das Peer-Review-System auf dem ökonomischen Prüfstand", in: Jürgen KAUBE (Hg.), *Die Illusion der Exzellenz. Lebenslügen der Wissenschaftspolitik*, Berlin 2011, 65–74.

34 Rosalind GILL, „Auditieren, quantifizieren, zerstören. Vom Leben in der neoliberalen Universität", in: HARK, Sabine u.a. (Hg.), *Vermessene Räume, gespannte Beziehungen. Unternehmerische Universitäten und Geschlechterdynamiken.*

35 Anton TANTNER, „Österreich schafft Quasi-Berufsverbote an Hochschulen", in: *Jacobin Magazin*, https://jacobin.de/artikel/ig-lektorinnen-universitaetsgesetz-oesterreich-ugnovelle-befristung-entfristung-paragraph-109-bildung-brennt/, eingesehen am 09.02.2021.

36 Max WEBER, „Wissenschaft als Beruf", in: Max WEBER (Hg.), *Gesammelte Aufsätze zur Wissenschaftslehre*, Tübingen 1985, 582–613.

37 BMJ (BUNDESMINISTERIUM DER JUSTIZ), „Gesetz über befristete Arbeitsverträge in der Wissenschaft", in: *Bundesministerium der Justiz*, https://www.gesetze-im-internet.de/wisszeitvg/index.html, eingesehen am 12.09.2022.

38 Florian BARANYI, Tamara SILL, „Begutachtungsfrist endet. Unireform erntet Kritik von allen Seiten", in: *news.ORF.at*, https://orf.at/stories/3196994, eingesehen am 21.09.2022. Eckpunktepapier des deutschen BMBF zur Reform des Wissenschaftszeitvertragsgesetz https://www.bmbf.de/SharedDocs/Downloads/de/2023/230317-wisszeitvg.pdf?__blob=publicationFile&v=1, eingesehen am 23.03.2023. In Reaktion auf das Eckpunktepapier vernetzte sich erstmals in großer Zahl auch die Professorenschaft unter dem Hashtag #ProfsfuerHanna. Siehe https://profsfuerhanna.de, eingesehen am 23.03.2023,

39 Dieter LENZEN, „Wissenschaftler sind keine Laufbahnbeamten", in: *jmwiarda*, https://www.jmwiarda.de/2022/02/11/wissenschaftler-sind-keine-laufbahnbeamten/, eingesehen am 23.03.2023.

40 AMERICAN ASSOCIATION OF UNIVERSITY PROFESSORS, *The Annual Report on the Economic Status of the Profession, 2020-21*, 2021, https://www.aaup.org/file/AAUP_ARES_2020-21.pdf.

41 Anna FAZACKERLEY, „University staff who can't afford to eat ask for campus food banks", in: *The Guardian*, https://www.theguardian.com/business/2022/jun/26/university-staff-who-cant-afford-to-eat-ask-for-campus-food-banks?utm_term=Autofeed&CMP=twt_gu&utm_medium&utm_source=Twitter#Echobox=1656228072, eingesehen am 30.01.2023.

42 Beate KORTENDIEK u.a., „Gender-Report 2019. Geschlechter(un)gerechtigkeit an nordrhein-westfälischen Hochschulen", in: *Netzwerk Frauen- und Geschlechterforschung NRW*, http://www.genderreport-hochschulen.nrw.de/fileadmin/media/media-genderreport/download/Gender-Report_2019/Teile/genderreport_2019_

Teil_C_f_web.pdf, eingesehen am 15.09.2022; Angela WROBLEWSKI, Angelika STRIEDINGER, *Gleichstellung in Wissenschaft und Forschung in Österreich. Studie im Auftrag des Bundesministeriums für Bildung, Wissenschaft und Forschung (BMBWF)*, Wien 2018.

43 GWK (GEMEINSAME WISSENSCHAFTSKONFERENZ), *Chancengleichheit in Wissenschaft und Forschung. 26. Fortschreibung des Datenmaterials (2020/2021) zu Frauen in Hochschulen und außerhochschulischen Forschungseinrichtungen (Heft 82)*, 2022.

44 Jan-Martin WIARDA, „60, männlich, westdeutsch – immer noch“, in: *jmwiarda*, https://www.jmwiarda.de/2021/03/03/60-m%C3%A4nnlich-westdeutsch-immer-noch, eingesehen am 12.09.2022; HRK (HOCHSCHULREKTORENKONFERENZ), „Frauen in Leitungspositionen in der Wissenschaft“, in: *Hochschulrektorenkonferenz*, https://www.hrk.de/positionen/beschluss/detail/frauen-in-leitungspositionen-in-der-wissenschaft/, eingesehen am 15.09.2022; Isabel ROESSLER, „Jede vierte staatliche Hochschule in Deutschland wird von einer Frau geleitet“, in: *CHE (Centrum für Hochschulentwicklung)*, https://www.che.de/2022/jede-vierte-staatliche-hochschule-in-deutschland-wird-von-einer-frau-geleitet/, eingesehen am 17.03.2022; CHE (CENTRUM FÜR HOCHSCHULENTWICKLUNG), „Check Hochschulleitung in Deutschland – Update 2021“, in: *(CHE) Centrum für Hochschulentwicklung*, https://www.che.de/download/hochschulleitung-deutschland-2022/?wpdmdl=21773&refresh=62b304c35a91c1655899331, eingesehen am 12.09.2022.

45 Sighard NECKEL, „Die Refeudalisierung des modernen Kapitalismus“, in: Heinz BUDE, Philipp STAAB (Hg.), *Kapitalismus und Ungleichheit. Die neuen Verwerfungen*, Frankfurt am Main–New York 2016, 157–174, hier 161.

46 HALL, *The Hopeless University. Intellectual Work at the end of The End of History*, Übers. d. Verf.

47 Michael DAXNER, *Die blockierte Universität. Warum die Wissensgesellschaft eine andere Hochschule braucht*, Frankfurt am Main–New York 1999.

48 Detlef MÜLLER-BÖLING, *Die entfesselte Hochschule*, Gütersloh 2000, 30.

49 GLOTZ, *Im Kern verrottet? Fünf vor zwölf an Deutschlands Universitäten,* 19.

50 DAXNER, *Die blockierte Universität. Warum die Wissensgesellschaft eine andere Hochschule braucht,* 94, 154, 156, 159f.

51 Zur Entwicklung des hochschulpolitischen Diskurses in Österreich siehe u.a. Katharina KREISSL u.a., „Gleichstellung in der unternehmerischen Hochschule? Diskursive Verschiebungen in der hochschulpolitischen Landschaft Österreichs", in: BINNER, Kristina, u.a. (Hg.), *Die unternehmerische Hochschule aus der Perspektive der Geschlechterforschung. Zwischen Aufbruch und Beharrung (Forum Frauen- und Geschlechterforschung 39),* 20–30.

52 KOMMISSION DER EUROPÄISCHEN GEMEINSCHAFTEN, „Das intellektuelle Potenzial Europas wecken: So können die Universitäten ihren vollen Beitrag zur Lissabonner Strategie leisten", in: *Kommission der Europäischen Gemeinschaften,* http://eur-lex.europa.eu/legal-content/DE/TXT/PDF/?uri=CELEX:52005DC0152&from=DE, eingesehen am 15.09.2022.

53 Burton R. CLARK, *Creating Entrepreneurial Universities. Organizational Pathways of Transformation,* Oxford 1998.

54 Karl POLANYI, *The Great Transformation. Politische und ökonomische Ursprünge von Gesellschaften und Wirtschaftssystemen,* Frankfurt am Main 1978.

55 Georg KRÜCKEN, „Die Transformation von Universitäten in Wettbewerbsakteure", in: *Beiträge zur Hochschulforschung 39,* Band 3/4, 2017, 10–29.

56 MASSCHELEIN, SIMONS, *Jenseits der Exzellenz. Eine kleine Morphologie der Welt-Universität,* 28.

57 MASSCHELEIN, SIMONS, *Jenseits der Exzellenz. Eine kleine Morphologie der Welt-Universität;* siehe hierzu auch Tim FLINK, Dagmar SIMON, „Erfolg in der Wissenschaft. Von der Ambivalenz klassischer Anerkennung und neuer Leistungsmessung", in: HÄNZI, Denis, MATTHIES, Hildegard, SIMON, Dagmar (Hg.), *Erfolg - Konstellationen und Paradoxien einer gesellschaftlichen Leitorientierung (Leviathan Sonderheft 29),* Baden-Baden 2014, 128f.

58 Rudolf STICHWEH, „Autonomie der Universitäten in Europa und Nordamerika. Historische und systema-

tische Überlegungen“, in: Jürgen KAUBE (Hg.), *Die Illusion der Exzellenz,* Berlin 2009, 40f.

59 MASSCHELEIN, SIMONS, *Jenseits der Exzellenz. Eine kleine Morphologie der Welt-Universität,* 30.

60 MASSCHELEIN, SIMONS, *Jenseits der Exzellenz. Eine kleine Morphologie der Welt-Universität.*

61 Ebenda.

62 Wendy BROWN, *Die schleichende Revolution. Wie der Neoliberalismus die Demokratie zerstört,* Frankfurt am Main 2015, 7f.

63 Erhard STÖLTING, Uwe SCHIMANK, *Die Krisen der Universitäten (Leviathan Sonderheft 20),* Wiesbaden 2001.

64 Uwe SCHIMANK, „Festgefahrene Gemischtwarenläden - Die deutschen Hochschulen als erfolgreich scheiternde Organisationen“, in: Erhard STÖLTING, Uwe SCHIMANK (Hg.), *Die Krise der Universitäten (Leviathan Sonderheft 20),* Wiesbaden 2001, 223–242.

65 Richard MÜNCH, *Globale Eliten, lokale Autoritäten. Bildung und Wissenschaft unter dem Regime von PISA, McKinsey & Co.*, Frankfurt am Main 2009.

66 Ebenda, 196.

67 Robert K. MERTON, „Der Matthäus-Effekt in der Wissenschaft“, in: Robert K. MERTON (Hg.), *Entwicklung und Wandel von Forschungsinteressen. Aufsätze zur Wissenschaftssoziologie,* Frankfurt am Main 1985, 147–171; ausführlich hierzu siehe auch Bettina HEINTZ, „Ohne Ansehen des Geschlechts? Bewertungsverfahren in Universität und Wissenschaft“, in: Sabine HARK, Johanna HOFBAUER (Hg.), *Vermessene Räume, gespannte Beziehungen. Unternehmerische Universitäten und Geschlechterdynamiken,* Berlin 2018, 159–187.

68 Sighard NECKEL, „Die Pflicht zum Erfolg. Genealogie einer Handlungsorientierung“, in: Denis HÄNZI, Hildegard MATTHIES, Dagmar SIMON (Hg.), *Erfolg - Konstellationen und Paradoxien einer gesellschaftlichen Leitorientierung (Leviathan Sonderheft 29),* Baden-Baden 2014, 29–44, 31.

69 Drittmittel, so jüngst auch Heike Kahlert, bekommt, „wer in der Scientific Community sichtbar präsent ist, wobei sich diese Präsenz wissenschaftlich in Publikatio-

nen und bereits erfolgreich eingeworbenen Drittmitteln ausdrückt und zugleich wissenschaftspolitische Aktivität und Vernetzung erfordert". Heike KAHLERT, „Exzellente Wissenschaft? Das strukturelle Scheitern von Koordinierter Frauen- und Geschlechterforschung im Wettbewerb", in: Sabine HARK, Johanna HOFBAUER (Hg.), *Vermessene Räume, gespannte Beziehungen. Unternehmerische Universitäten und Geschlechterdynamiken,* Berlin 2018, 128–156, 145.

70 Margaret W. ROSSITER, „The Matthew Matilda Effect in Science", in: *Social Studies of Science 23,* Band 2, 1993, 325–341.

71 Matthew B. ROSS u.a., „Women are Credited Less in Science than are Men", in: *Nature 608,* 2022, 135–145; Tanja TRAXLER, „Frauen in der Forschung erhalten weniger Anerkennung als Männer", in: *Der Standard,* https://www.derstandard.at/story/2000136799272/frauen-in-der-forschungwomen-in-science-receive-less-credit-for?ref=article, eingesehen am 22.06.2022.

72 WR (WISSENSCHAFTSRAT), „Empfehlungen zur Qualitätsverbesserung von Lehre und Studium", in: *Wissenschaftsrat,* https://www.wissenschaftsrat.de/download/archiv/8639-08.html, eingesehen am 15.09.2022.

73 WR (WISSENSCHAFTSRAT), „Empfehlungen für die Ausgestaltung von Studium und Lehre", in: *Wissenschaftsrat,* https://doi.org/10.57674/q1f4-g978, eingesehen am 15.09.2022.

74 Ebenda.

75 STICHWEH, *Autonomie der Universitäten in Europa und Nordamerika. Historische und systematische Überlegungen,* 39.

76 Gudrun-Axeli KNAPP, „Warum nicht vermessen sein? Anmerkungen zur Dialektik feministischer Aufklärung", in: Sabine HARK, Johanna HOFBAUER (Hg.), *Vermessene Räume, gespannte Beziehungen. Unternehmerische Universitäten und Geschlechterdynamiken,* Berlin 2018, 50.

77 Ralf DAHRENDORF, *Bildung ist Bürgerrecht. Plädoyer für eine aktive Bildungspolitik,* Hamburg 1965.

78 Julia REUTER u.a., *Vom Arbeiterkind zur Professur. Sozialer Aufstieg in der Wissenschaft,* Bielefeld 2020.

79 BMBWF (BUNDESMINISTERIUM BILDUNG, WISSENSCHAFT UND FORSCHUNG), *Universitätsbericht 2020. Executive Summary*, 32–34.

80 Stefan KÜHL, *Die Fassade der Organisation. Überlegungen zur Trennung von Schauseite und formaler Seite von Organisationen*, Bielefeld 2010, https://www.uni-bielefeld.de/soz/personen/kuehl/pdf/Schauseite-Working-Paper-1_19052010.pdf.

81 Silke VAN DYK, Tilman REITZ, „Projektförmige Polis und akademische Prekarität im universitären Feudalsystem", in: *Soziologie 46*, Band 1, 62–73; Luc BOLTANSKI, Ève CHIAPELLO, *Der neue Geist des Kapitalismus*, Konstanz 2006, 147; Cristina BESIO, Maria NORKUS, Nina BAUR, „Projekte und Wissenschaft. Der Einfluss temporärer organisationaler Strukturen auf wissenschaftliche Karrieren, Organisationen und Wissensproduktion", in: Nina BAUR u.a. (Hg.), *Wissen - Organisation - Forschungspraxis. Der Makro-Meso-Mikro-Link in der Wissenschaft*, Weinheim 2016, 343–372.

82 https://de.wikipedia.org/wiki/Sputnikschock.

83 Mike LAUFENBERG, „Soziale Klassen und Wissenschaftskarrieren. Die neoliberale Hochschule als Ort der Reproduktion sozialer Ungleichheiten", in: Nina BAUR u.a. (Hg.), *Wissen - Organisation - Forschungspraxis. Der Makro-Meso-Mikro-Link in der Wissenschaft*, Weinheim 2016, 580–625.

84 Ulrich BECK, *Risikogesellschaft. Auf dem Weg in eine andere Moderne*, Frankfurt am Main 1986.

85 Oliver NACHTWEY, „Die Rolltreppe nach unten", in: Oliver NACHTWEY (Hg.), *Die Abstiegsgesellschaft. Über das Aufbegehren in der regressiven Moderne*, Berlin 2016, 126–136.

86 STATISTA RESEARCH DEPARTMENT, „Soziale Zusammensetzung der Studierenden in Deutschland nach Bildungsherkunft von 1985 bis 2012", in: *Statista*, https://de.statista.com/statistik/daten/studie/155540/umfrage/soziale-herkunft-der-studierenden-in-deutschland-seit-1982/, eingesehen am 12.09.2022; Christina Möller kommt zu anderen Zahlen: Laut ihren Berechnungen kamen 1985 18 Prozent der Studierenden aus der „nied-

rigen Herkunftsgruppe". Christina MÖLLER, *Herkunft zählt (fast) immer. Soziale Ungleichheiten unter Universitätsprofessorinnen und -professoren*, Weinheim 2015, 266.

87 Christina MÖLLER u.a., „Vom Arbeiterkind zur Professur. Gesellschaftliche Relevanz, empirische Befunde und die Bedeutung biographischer Reflexionen", in: Julia REUTER u.a. (Hg.), *Vom Arbeiterkind zur Professur: Sozialer Aufstieg in der Wissenschaft. Autobiographische Notizen und soziobiographische Analysen*, Bielefeld 2020, 9–64; Maria KEIL, *Die Ordnung des Feldes. Reproduktionsmechanismen sozialer Ungleichheit in der Wissenschaft*, Weinheim 2020.

88 STIFTERVERBAND, *Vom Arbeiterkind zum Doktor. Der Hürdenlauf auf dem Bildungsweg der Erststudierenden. Diskussionspapier 2*, New York, https://www.stifterverband.org/medien/vom_arbeiterkind_zum_doktor.

89 Elke MIDDENDORFF u.a., *Jonas, Die wirtschaftliche und soziale Lage der Studierenden in Deutschland 2016. Zusammenfassung zur 21. Sozialerhebung des Deutschen Studentenwerks - durchgeführt vom Deutschen Zentrum für Hochschul- und Wissenschaftsforschung*, Berlin 2017, https://www.studentenwerke.de/sites/default/files/se21_zusammenfassung_hauptbericht.pdf, www.sozialerhebung.de.

90 BPB (BUNDESZENTRALE FÜR POLITISCHE BILDUNG), „Soziale Situation in Deutschland. Bevölkerung mit Migrationshintergrund nach Alter", in: *bpb kurz und knapp*, https://www.bpb.de/kurz-knapp/zahlen-und-fakten/soziale-situation-in-deutschland/150599/bevoelkerung-mit-migrationshintergrund-nach-alter/, eingesehen am 21.09.2022.

91 MEDIENDIENST INTEGRATION, „Zahlen und Fakten: Integration", in: *Mediendienst Integration*, https://mediendienst-integration.de/integration/hochschule.html, eingesehen am 19.09.2022.

92 Siehe hierzu auch: René KREMPKOW, „Soziale Selektivität gesunken, aber noch groß - auch im Hochschulsystem", in: *Spektrum.de SciLogs*, https://scilogs.spektrum.de/wissenschaftssystem/soziale-selektivitaet/, eingesehen am 19.09.2022.

93 Markus LÖRZ, Steffen SCHINDLER, „Soziale Ungleichheit auf dem Weg in die akademische Karriere. Sensible

Phasen zwischen Hochschulreife und Post-Doc-Phase", in: *Beiträge zur Hochschulforschung 38,* Band 4, 2016, 14-39.

94 Rolf BECKER, Wolfgang LAUTERBACH, *Bildung als Privileg. Erklärungen und Befunde zu den Ursachen der Bildungsungleichheit,* Wiesbaden 2016; Lena Maria ZIMMER, „Bildungsaufstiege in der Wissenschaft. Zur Nicht-Reproduktion sozialer Ungleichheit beim Übergang von der Junior- auf die Lebenszeitprofessur", in: *Zeitschrift für Soziologie 50,* Band 5, 2022, 416.

95 IHS, „Aufnahmetest bei Medizin als sozialer Filter. IHS-Studie", in: *news.ORF.at,* https://orf.at/stories/3195776/, eingesehen am 19.09.2022.

96 David BINDER, „Wer beginnt (k)ein Masterstudium? Determinanten der Übertrittspläne von Bachelorstudierenden", in: Attila PAUSITS, Regina AICHINGER, Martin UNGER (Hg.), *Quo vadis, Hochschule? Beiträge zur evidenzbasierten Hochschulentwicklung,* Münster–New York 2019, 225–246.

97 Der Ausdruck „MINT" bezieht sich auf die Unterrichts- und Studienfächer Mathematik, Informatik, Naturwissenschaft und Technik.

98 Inka GREUSING, *„Wir haben ja jetzt auch ein paar Damen bei uns" - Symbolische Grenzziehungen und Heteronormativität in den Ingenieurwissenschaften,* Opladen 2018; Mike LAUFENBERG u.a., „Prekäre Gleichstellung - Eine Einleitung", in: Mike LAUFENBERG u.a. (Hg.), *Prekäre Gleichstellung,* Wiesbaden 2018, 1–24.

99 BINDER, *Wer beginnt (k)ein Masterstudium? Determinanten der Übertrittspläne von Bachelorstudierenden,* 243.

100 BMBWF (BUNDESMINISTERIUM BILDUNG, WISSENSCHAFT UND FORSCHUNG), „Studierende – Studienabschlüsse – Personal – Universitäten. Gender Monitoring. Leaky Pipeline", in: *unidata. Datawarehouse Hochschulbereich,* https://unidata.gv.at.

101 Ebenda; für Deutschland siehe KONSORTIUM BUNDESBERICHT WISSENSCHAFTLICHER NACHWUCHS, *Bundesbericht Wissenschaftlicher Nachwuchs 2021. Statistische Daten und Forschungsbefunde zu Promovierenden und Promovierten in Deutschland,* Bielefeld 2021.

102 Friederike HASSAUER, *Homo. Academica. Geschlechterkontrakte, Institution und die Verteilung des Wissens,* Wien 1994, 32, Hervorhebung im Original.

103 MÖLLER, *Herkunft zählt (fast) immer. Soziale Ungleichheiten unter Universitätsprofessorinnen und -professoren.*

104 Aylâ NEUSEL u.a., *Internationale Mobilität und Professur. Karriereverläufe und Karrierebedingungen von Internationalen Professorinnen und Professoren an Hochschulen in Berlin und Hessen, Abschlussbericht BMBF,* Wien 2014, https://www.erziehungswissenschaften.hu-berlin.de/de/intern_alt/mobilitaet/projektergebnisse/abschlussbericht-1/abschlussbericht-internationale-mobilitaet-und-professur.pdf; Aylâ NEUSEL, Andrä WOLTER, *Mobile Wissenschaft. Internationale Mobilität und Migration in der Hochschule,* Frankfurt am Main–New York 2017; Lisa JANOTTA, Álvaro MORCILLO LAIZ, „Befristungen sind keine »Bestenauslese«", in: *Jacobin Magazin,* 2022, https://jacobin.de/artikel/befristungen-sind-keine-bestenauslese-wisszeitvg-ich-bin-hanna-arbeitsbedigungen-forschung-peter-andre-alt-ludwig-kronthaler/.

105 MÖLLER, *Herkunft zählt (fast) immer. Soziale Ungleichheiten unter Universitätsprofessorinnen und -professoren,* 192.

106 Angela GRAF, „Sozial exklusiv. Über den Zugang zur Wissenschaftselite", in: *Forschung & Lehre,* Band 2, 2017, 130.

107 MÖLLER u.a., *Vom Arbeiterkind zur Professur. Gesellschaftliche Relevanz, empirische Befunde und die Bedeutung biographischer Reflexionen,* 15.

108 LAUFENBERG, *Soziale Klassen und Wissenschaftskarrieren. Die neoliberale Hochschule als Ort der Reproduktion sozialer Ungleichheiten,* 605.

109 Diane ELAM, Robyn WIEGMAN, „Contingencies", in: Diane ELAM, Robyn WIEGMAN (Hg.), *Feminism beside itself,* New York 1995, 5.

110 Steffani ENGLER, *„In Einsamkeit und Freiheit?" Zur Konstruktion der wissenschaftlichen Persönlichkeit auf dem Weg zur Professur,* Konstanz 2001, 446.

111 KEIL, *Die Ordnung des Feldes. Reproduktionsmechanismen sozialer Ungleichheit in der Wissenschaft,* 404.

112 Silvia KNOBLOCH-WESTERWICK, „The Matilda Effect in Science Communication. An Experiment on Gender Bias in Publication Quality Perceptions and Collaboration Interest“, in: *Science Communication 35*, 2013, 603-625.

113 LAUFENBERG, *Soziale Klassen und Wissenschaftskarrieren. Die neoliberale Hochschule als Ort der Reproduktion sozialer Ungleichheiten*, 605.

114 ENGLER, *„In Einsamkeit und Freiheit?“ Zur Konstruktion der wissenschaftlichen Persönlichkeit auf dem Weg zur Professur*, 447.

115 Encarnación GUTIÉRREZ RODRÍGUEZ u.a., „Rassismus, Klassenverhältnisse und Geschlecht an deutschen Hochschulen. Ein runder Tisch, der aneckt“, in: *sub\urban. zeitschrift für kritische stadtforschung 4*, Band 2/3, 2016, 161-190; THOMPSON, VORBRUGG, „Rassismuskritik an der Hochschule. Mit oder trotz Diversity-Policies?“, in: *Prekäre Gleichstellung. Geschlechtergerechtigkeit, soziale Ungleichheit und unsichere Arbeitsverhältnisse in der Wissenschaft*, Wiesbaden 2018, 79-99.

116 Ebenda, 172.

117 Peter BURKE, *Papier und Marktgeschrei. Die Geburt der Wissensgesellschaft*, Berlin 2011, 38.

118 »Ein tüchtiger Beamter kann man bei einiger Begabung durch Fleiß und Ausdauer werden; Forscher ist man von Gottes Gnaden«, so noch 1908 in Dresden. Zitiert nach Martin SCHMEISER, *Akademischer Hasard. Das Berufsschicksal des Professors und das Schicksal der deutschen Universität 1870-1920*, Stuttgart 1994, 35; mit der Historikerin Gerda Lerner, die patriarchale Gesellschaftsordnungen als Ordnungen beschrieben hat, die sich durch männliche Dominanz über das sacerdotium (das Privileg, die Verbindung zu Gott herzustellen), das regnum (die Macht, Herrschaft auszuüben) und das studium (das Recht zur Aneignung gesellschaftlich relevanten Wissens) auszeichnen, können wir diese Ausgestaltung der wissenschaftlichen Tätigkeit als charismatischem Akt, als moderne Form der Verknüpfung von sacerdotium und studium und damit als Rekonstruktion patriarchaler Macht lesen. Gerda LERNER,

Die Entstehung des Patriarchats, Frankfurt am Main-New York 1995.

119 WEBER, „Wissenschaft als Beruf", in: WEBER, Max (Hg.), *Gesammelte Aufsätze zur Wissenschaftslehre*, Tübingen 1985, 589; siehe hierzu auch Lorraine DASTON, „Die wissenschaftliche Persona. Arbeit und Berufung", in: Theresa WOBBE (Hg.), *Zwischen Vorderbühne und Hinterbühne. Beiträge zum Wandel der Geschlechterbeziehungen in der Wissenschaft vom 17. Jahrhundert bis zur Gegenwart*, Bielefeld 2003, 109-136.

120 SCHMEISER, *Akademischer Hasard. Das Berufsschicksal des Professors und das Schicksal der deutschen Universität 1870-1920.*

121 Laut der Berechnungen von Schmeiser stehen im Jahr 1890 100 Ordinarien 108 (zum Teil unbezahlte) Extraordinarien und (grundsätzlich unbezahlte) Privatdozenten gegenüber. Bis zum Jahr 1910 hat sich die Situation weiter verschärft: Auf 100 Ordinarien kommen jetzt schon 152 Extraordinarien und Privatdozenten. Ebenda, 25ff.

122 Ebenda, 28.

123 „Für die Privatdozentur war grundlegend, daß der mit der Habilitation sich vollziehende Akt der Zuordnung zu einer Berufsgruppe unter ausdrücklicher Vorenthaltung von Mitgliedschaftsrechten erfolgte. Im Gegensatz zu einer professionellen Karriere, in der die Realisierung von Qualifikationsleistungen mit einer stufenweise erfolgenden Zuerkennung von Mitgliedschaftsrechten verbunden ist, zog das Erbringen der Habilitationsleistung in rechtlicher und materieller Hinsicht eine Ausgliederung aus dem Mitgliedschaftsverbund nach sich." Ebenda, 43.

124 BESIO, NORKUS, BAUR, „Projekte und Wissenschaft. Der Einfluss temporärer organisationaler Strukturen auf wissenschaftliche Karrieren, Organisationen und Wissensproduktion", in: Nina BAUR u.a. (Hg.), *Wissen - Organisation - Forschungspraxis. Der Makro-Meso-Mikro-Link in der Wissenschaft*, Weinheim 2016, 360.

125 Jan-Christoph ROGGE, „Wissenschaft als Karrierejob", in: FUNKEN, Christiane, HÖRLIN, Sinje, ROGGE, Jan-Christoph (Hg.), *Generation 35plus. Aufstieg oder Ausstieg?*

Hochqualifizierte und Führungskräfte in Wirtschaft und Wissenschaft, Berlin 2013, 38.

126 Ebenda, 43.

127 Ebenda, 48.

128 Ebenda, 49.

129 Cecilia L. RIDGEWAY, *Framed by Gender. How Gender Inequality Persist in the Modern World,* Oxford–New York 2011

130 HEINTZ, „Ohne Ansehen des Geschlechts? Bewertungsverfahren in Universität und Wissenschaft", in: *Vermessene Räume, gespannte Beziehungen. Unternehmerische Universitäten und Geschlechterdynamiken,* Berlin 2018, 181.

131 RIDGEWAY, *Framed by Gender. How Gender Inequality Persist in the Modern World,* 11.

132 Hedwig DOHM, *Die Mütter. Beitrag zur Erziehungsfrage,* Berlin 1903, 71.

133 ROGGE, „Wissenschaft als Karrierejob", in: *Generation 35plus. Aufstieg oder Ausstieg? Hochqualifizierte und Führungskräfte in Wirtschaft und Wissenschaft,* Berlin 2013, 35.

134 ALT, *Exzellent? Zur Lage der deutschen Universität,* 203.

135 ROGGE, „Wissenschaft als Karrierejob", in: *Generation 35plus. Aufstieg oder Ausstieg? Hochqualifizierte und Führungskräfte in Wirtschaft und Wissenschaft,* Berlin 2013, 35.

136 Jan-Martin WIARDA, „Wirkung light", in: *jmwiarda,* https://www.jmwiarda.de/2022/05/20/wirkung-light/, eingesehen am 23.05.2022.

137 VEREINIGUNG DER KANZLERINNEN UND KANZLER DER UNIVERSITÄTEN DEUTSCHLANDS, *Bayreuther Erklärung zu befristeten Beschäftigungsverhältnissen mit wissenschaftlichem und künstlerischem Personal in Universitäten,* Bayreuth 2019, https://www.uni-kanzler.de/fileadmin/user_upload/05_Publikationen/2017_-_2010/20190916_Bayreuther_Erklaerung_der_Universitaetskanzler_brfp.pdf., eingesehen am 23.01.2023.

138 BMBWF (BUNDESMINISTERIUM BILDUNG, WISSENSCHAFT UND FORSCHUNG), *UG-Novelle 2021: Die wichtigsten Fragen und Antworten für Universitätsangehörige,* https://www.bmbwf.gv.at/Themen/HS-Uni/Hochschulsystem/Gesetzliche-Grundlagen/UG-Novelle-2021-faq/Fragen-und-Antworten-f%C3%BCr-

Universit%C3%A4ts--und-Hochschulangeh%C3%B6rige.html#jungwissenschaftlerinnen, eingesehen am 26.01.2023.

139 https://www.bmbwf.gv.at/Themen/HS-Uni/Hochschulsystem/Gesetzliche-Grundlagen/UG-Novelle-2021-faq/Fragen-und-Antworten-für-Universitäts--und-Hochschulangehörige.html#jungwissenschaftlerinnen, eingesehen am 7.11.2022.

140 Theo ANDERS, „Warum die Reform der Kettenverträge an den Unis auf Widerstand stößt", in: *Der Standard,* https://www.derstandard.at/story/2000123728859/warum-die-reform-der-kettenvertraege-auf-widerstand-an-den-unis, eingesehen am 19.09.2022.

141 Michael LANG, „Uni-Arbeitsverträge: Eine Frage der Generationengerechtigkeit", in: *Der Standard,* https://www.derstandard.at/story/2000128188322/uni-arbeitsvertraege-eine-frage-der-generationengerechtigkeit, eingesehen am 19.09.2022. Wenige Monate später wurde die Debatte über Befristungspolitik fortgesetzt, mit Argumenten, die bezeichnend für die hartnäckig tiefen Gräben zwischen Entscheidungsverantwortlichen an Universitäten und Betroffenen der Befristungspolitik sind. Wieder meldete sich Michael Lang, Vizerektor für Personal der WU Wien, zu Wort und stellte in der Zeitschrift *Der Standard* die Höhe der Befristungsquote in Frage. Die kolportierten 80 Prozent enthielten auch die große Gruppe der Doktorand*innen und Projektangestellten, die aber nur zu Ausbildungszwecken an Universitäten seien. Unter Abzug dieser Gruppe sinke die Befristungsquote auf 40 Prozent. Diesem Zahlenspiel konnten die Vertreter*innen der Betroffenen von „Netzwerk Unterbau-Initiative (NUWiss)" nicht folgen. Da Doktorand*innen und Projektangestellte einen Großteil der universitären Forschungsarbeit leisteten, müssten Universitäten auch Verantwortung für die Beschäftigungs- und Arbeitsbedingungen dieser Gruppe tragen. Eine Voraussetzung dafür sei, das Problem prekärer Arbeit an Universitäten als Folge fehlender universitärer Personalpolitik anzuerkennen, nicht zu leugnen. Michael LANG, „Gibt es wirklich zu viele Befristungen an Unis?", in: *Der Standard,* https://www.der-

standard.at/story/2000144795839/gibt-es-wirklich-zu-viele-befristungen-an-unis, eingesehen am 23.03.2023. Julia PARTHEYMÜLLER, Stephan PÜHRINGER, „Prekäre Arbeit an Universitäten kann man nicht wegrechnen“, in: *Der Standard*, https://www.derstandard.at/story/2000145076606/prekaere-arbeit-an-universitaeten-kann-man-nicht-wegrechnen, eingesehen am 31.03.2023.

142 BARANYI, SILL, „Begutachtungsfrist endet. Unireform erntet Kritik von allen Seiten“, in: *news.ORF.at.*

143 Zum Argument der Personalsteuerung: Hans PECHAR, Lesley ANDRES, „Academic Careers in Comparative Perspective“, in: James D. WRIGHT (Hg.), *International Encyclopedia of the Social & Behavioral Sciences*, Oxford 2015, 26–30; zum Finanzierungsrisiko von Dauerstellen: Angelika BRECHELMACHER u.a., „The Rocky Road to Tenure – Career Paths in Academia“, in: Tatiana FUMASOLI, Gaële GOASTELLEC, Barbara M. KEHM (Hg.), *Academic Work and Careers in Europe: Trends, Challenges, Perspectives*, Cham 2015, 13–40, http://link.springer.com/10.1007/978-3-319-10720-2_2; zu machtpolitischen Zusammenhängen: Johanna HOFBAUER u.a., „Of Trump Cards and Game Moves: Positioning Gender Equality as an Element of Power Struggles in Universities“, in: Ahu TATLI, Mustafa ÖZBILGIN, Mine KARATAS-ÖZKAN (Hg.), *Pierre Bourdieu, Organisation, and Management*, New York–London 2015, 139–161.

144 Angelika STRIEDINGER u.a., „Feministische Gleichstellungsarbeit an unternehmerischen Hochschulen: Fallstricke und Gelegenheitsfenster“, in: *Feministische Studien, Schwerpunktheft „Universitäten im Wandel - Innenansichten aus der reformierten Hochschule“*, Heft 1, 2016, 12; zu aktuellen Daten: BMBWF (BUNDESMINISTERIUM BILDUNG, WISSENSCHAFT UND FORSCHUNG), „Studierende - Studienabschlüsse - Personal - Universitäten. Gender Monitoring. Leaky Pipeline“, in: *unidata. Datawarehouse Hochschulbereich.*

145 BARANYI, SILL, „Begutachtungsfrist endet. Unireform erntet Kritik von allen Seiten“, in: *news.ORF.at.*

146 LANG, „Uni-Arbeitsverträge: Eine Frage der Generationengerechtigkeit“, in: *Der Standard.*

147 ANDERS, „Warum die Reform der Kettenverträge an den Unis auf Widerstand stößt", in: *Der Standard.*

148 Ebenda.

149 Carina ALTREITER u.a., „Befristete Uni-Stellen: Drei Fehlschlüsse mit gravierenden Folgen", in: *Der Standard,* https://www.derstandard.at/story/2000128392310/befristete-uni-stellen-drei-fehlschluesse-mit-gravierenden-folgen, eingesehen am 19.09.2022.

150 Ebenda.

151 ANDERS, „Warum die Reform der Kettenverträge an den Unis auf Widerstand stößt", in: *Der Standard.*

152 BMBWF (BUNDESMINISTERIUM BILDUNG, WISSENSCHAFT UND FORSCHUNG), *Universitätsbericht 2017,* Wien 2018, 57, https://www.parlament.gv.at/PAKT/VHG/XXVI/III/III_00091/imfname_679017.pdf.

153 Klaus DÖRRE, Hans RACKWITZ, „Mit der Geduld am Ende? Die Prekarisierung der academic workforce in der unternehmerischen Universität", in: Mike LAUFENBERG u.a. (Hg.), *Prekäre Gleichstellung,* Wiesbaden 2018, 185-209.

154 Das „Elise-Richter-Programm" ist ein Exzellenzprogramm für Frauen der Österreichischen Forschungsförderungsagentur „FWF Der Wissenschaftsfonds": https://www.fwf.ac.at/de/forschungsfoerderung/antragstellung/richter-programm

155 ANDERS, „Warum die Reform der Kettenverträge an den Unis auf Widerstand stößt", in: *Der Standard.*

156 Elke PARK, Hans PECHAR, „Academic Research and Employment: Recent Changes in Europe and the United States", in: James D. WRIGHT (Hg.), *International Encyclopedia of the Social & Behavioral Sciences,* Oxford 2015, 29.

157 HOFBAUER u.a., *Of Trump Cards and Game Moves: Positioning Gender Equality as an Element of Power Struggles in Universities,* 148.

158 Nick BUTLER, Sverre SPOELSTRA, „Your Excellency", in: *Organization 19,* Band 6, 2012, 891-903.

159 So schilderte der Senatsvorsitzende an einer österreichischen Universität die Situation im Rahmen eines Interviews für das FWF-Forschungsprojekt „Gender in Acade-

mia (GENIA; I 727-G22)“, durchgeführt von 2012–2016 im D-A-CH Forschungsverbund „Entrepreneurial University und GenderChange: Arbeit - Organisation - Wissen“.

160 BAHR, EICHBORN, KUBON, *#IchBinHanna. Prekäre Wissenschaft in Deutschland.*

161 LAUFENBERG u.a., „Prekäre Gleichstellung - Eine Einleitung“, in: *Prekäre Gleichstellung,* Wiesbaden 2018, 6.

162 Ebenda, 6.

163 Lothar SCHRÖDER u.a. (Hg.), *Transformation der Arbeit - Ein Blick zurück nach vorn (Gute Arbeit).*

164 Zurecht erhebt der ULV aber Forderungen, die explizit die „Arbeitsbedingungen“ in der Wissenschaft betreffen, dies mit Bezug auf besonders von Prekarisierung betroffene Gruppen: (ULV) VERBAND DES WISSENSCHAFTLICHEN UND KÜNSTLERISCHEN PERSONALS DER ÖSTERREICHISCHEN UNIVERSITÄTEN, *Arbeitsbedingungen und Arbeitsrecht,* http://www.ulv.ac.at/doku.php?id=ulv:klick:arbeitsbedingungen&s%5b%5d=lehrbeauftragte, eingesehen am 27.01.2023.

165 Mathias KUHNT, Tilman REITZ, Patrick WÖHRLE, *Arbeiten unter dem Wissenschaftszeitvertragsgesetz: Eine Evaluation von Befristungsrecht und -realität an deutschen Universitäten,* 2022, https://nbn-resolving.org/urn:nbn:de:bsz:14-qucosa2-791926.

166 DÖRRE, RACKWITZ, „Mit der Geduld am Ende? Die Prekarisierung der academic workforce in der unternehmerischen Universität“, in: *Prekäre Gleichstellung,* Wiesbaden 2018, 194.

167 Im Rahmen einer „Alternativen Evaluation“ des WissZeitVG sollte die Lage des „sogenannten Nachwuchs“ im Fokus stehen, dieser habe in den amtlich beauftragten Evaluationen des BMBF 2021 gefehlt. Tilman REITZ, *Alternative Evaluation des Wissenschaftszeitvertragsgesetzes,* https://tu-dresden.de/gsw/phil/orgdifflab/forschung/alternative-evaluation-des-wissenschaftszeitvertragsgesetzes, eingesehen am 06.06.2022.

168 René KREMPKOW, „Weiter so? Ein Kommentar zur Evaluation des WissZeitVG“, in: *Spektrum.de SciLogs,* https://scilogs.spektrum.de/wissenschaftssystem/kommentar-zur-evaluation-wisszeitvg/.

169 BAHR, EICHBORN, KUBON, *#IchBinHanna. Prekäre Wissenschaft in Deutschland.*

170 LAUFENBERG u.a., „Prekäre Gleichstellung - Eine Einleitung", in: *Prekäre Gleichstellung*, Wiesbaden 2018, 6.

171 DÖRRE, RACKWITZ, „Mit der Geduld am Ende? Die Prekarisierung der academic workforce in der unternehmerischen Universität", in: *Prekäre Gleichstellung*, Wiesbaden 2018, 192.

172 Ebenda, 186.

173 DÖRRE, RACKWITZ, „Mit der Geduld am Ende? Die Prekarisierung der academic workforce in der unternehmerischen Universität", in: *Prekäre Gleichstellung*, Wiesbaden 2018; siehe auch ROGGE, „Wissenschaft als Karrierejob", in: *Generation 35plus. Aufstieg oder Ausstieg? Hochqualifizierte und Führungskräfte in Wirtschaft und Wissenschaft*, Berlin 2013.

174 ACADEMICS ANONYMOUS, „Academia is now incompatible with family life, thanks to casual contracts", in: *The Guardian*, https://www.theguardian.com/higher-education-network/2016/dec/02/short-term-contracts-university-academia-family, eingesehen am 21.09.2022.

175 DÖRRE, RACKWITZ, „Mit der Geduld am Ende? Die Prekarisierung der academic workforce in der unternehmerischen Universität", in: *Prekäre Gleichstellung*, Wiesbaden 2018, 193.

176 René KREMPKOW, „Können wir die Besten für die Wissenschaft gewinnen? Zur Rekrutierung von Nachwuchsforschenden in Wissenschaft und Wirtschaft", in: *Personal- und Organisationsentwicklung*, Band 2/3, 2017, 59-64.

177 BMBWF (BUNDESMINISTERIUM BILDUNG, WISSENSCHAFT UND FORSCHUNG), *Universitätsbericht 2020*, Wien 2021, 55, https://www.bmbwf.gv.at/dam/jcr:ee959e59-9fdb-40c1-8bb8-c56900af98de/untitled.pdf.

178 Sara AHMED, „Gleichstellung und Performance-Kultur", in: Sabine HARK, Johanna HOFBAUER (Hg.), *Vermessene Räume, gespannte Beziehungen. Unternehmerische Universitäten und Geschlechterdynamiken*, Berlin 2018, 243-282; Andrea LÖTHER, Birgit RIEGRAF, *Gleichstellungs-*

politik und Geschlechterforschung: veränderte Governance und Geschlechterarrangements in der Wissenschaft, (cews-Frauen in Wissenschaft und Forschung 8), Opladen 2017; NATIONALE AKADEMIE DER WISSENSCHAFTEN LEOPOLDINA (Hg.), *Frauen in der Wissenschaft: Entwicklungen und Empfehlungen: Stellungnahme,* Halle (Saale) 2022, https://levana.leopoldina.org/receive/leopoldina_mods_00688; WROBLEWSKI, STRIEDINGER, *Gleichstellung in Wissenschaft und Forschung in Österreich. Studie im Auftrag des Bundesministeriums für Bildung, Wissenschaft und Forschung (BMBWF).*

179 Angela WROBLEWSKI, „Reflexive Gleichstellungspolitik zur Auflösung des Gleichstellungsparadox", in: Angela WROBLEWSKI, Angelika SCHMIDT (Hg.), *Gleichstellungspolitiken revisted,* Wiesbaden 2021, 43–57, https://link.springer.com/10.1007/978-3-658-35846-4_3.

180 DFG (DEUTSCHE FORSCHUNGSGEMEINSCHAFT), Die forschungsorientierten Gleichstellungs- und Diversitätsstandards der DFG. https://www.dfg.de/download/pdf/foerderung/grundlagen_dfg_foerderung/chancengleichheit/fog_aspekt_diversitaet.pdf, eingesehen am 31.01.2023. LAUFENBERG u.a., „Prekäre Gleichstellung - Eine Einleitung", in: *Prekäre Gleichstellung,* Wiesbaden 2018, 9; Birgit ERBE, *Gleichstellungspolitik im Kontext der neuen Governance der Universitäten,* Wiesbaden 2022.

181 Zit. nach KREISSL u.a., „Gleichstellung in der unternehmerischen Hochschule? Diskursive Verschiebungen in der hochschulpolitischen Landschaft Österreichs", in: Kristina BINNER u.a. (Hg.), *Die unternehmerische Hochschule aus der Perspektive der Geschlechterforschung. Zwischen Aufbruch und Beharrung (Forum Frauen- und Geschlechterforschung 39),* Münster 2013, 24.

182 Kathrin ZIPPEL, Myra Marx FERREE, Karin ZIMMERMANN, „Gender equality in German universities: vernacularising the battle for the best brains", in: *Gender and Education 28,* Band 7, 2016, 867–885.

183 DAROWSKA, Lucyna, „Einleitung", in: DAROWSKA, Lucyna (Hg.), *Diversity an der Universität. Diskriminie-*

rungskritische und intersektionale Perspektiven auf Chancengleichheit an der Hochschule, Bielefeld 2019, 7.

184 LAUFENBERG u.a., „Prekäre Gleichstellung - Eine Einleitung", in: *Prekäre Gleichstellung,* Wiesbaden 2018, 9–10; siehe auch THOMPSON, VORBRUGG, „Rassismuskritik an der Hochschule. Mit oder trotz Diversity-Policies?", in: *Prekäre Gleichstellung. Geschlechtergerechtigkeit, soziale Ungleichheit und unsichere Arbeitsverhältnisse in der Wissenschaft,* Wiesbaden 2018.

185 Lina VOLLMER, „Keine Professionalisierung ohne Genderwissen. Zum Wandel der Gleichstellungsarbeit im hochschulischen Reformprozess", in: *Feministische Studien, Schwerpunktheft „Universitäten im Wandel - Innenansichten aus der reformierten Hochschule",* Heft 1, 2016, 57; LAUFENBERG u.a., „Prekäre Gleichstellung - Eine Einleitung", in: *Prekäre Gleichstellung,* Wiesbaden 2018, 9; vgl. außerdem Regine BENDL, Angelika SCHMIDT, „Revisiting feminist activism at managerial universities", in: *Equality, Diversity and Inclusion: An International Journal 31,* Band 5/6, 2012, 484–505; Laura DOBUSCH, *Diversity Limited,* Wiesbaden 2015, 19 ff., http://link.springer.com/10.1007/978-3-658-11364-3.

186 ERBE, *Gleichstellungspolitik im Kontext der neuen Governance der Universitäten,* 270.

187 KNAPP, „Warum nicht vermessen sein? Anmerkungen zur Dialektik feministischer Aufklärung", in: HARK, HOFBAUER (Hg.), *Vermessene Räume, gespannte Beziehungen. Unternehmerische Universitäten und Geschlechterdynamiken,* Berlin 2018, 45.

188 Siehe die Empfehlungen der Österreichischen Hochschulkonferenz: HK (MITGLIEDER DER HOCHSCHULKONFERENZ ARBEITSGRUPPE „VERBREITERUNG VON GENDERKOMPETENZ IN HOCHSCHULISCHEN PROZESSEN"), *Verbreiterung von Genderkompetenz in hochschulischen Prozessen. Empfehlungen der Hochschulkonferenz - Langfassung,* Wien 2018, https://www.bmbwf.gv.at/Themen/HS-Uni/Gleichstellung-und-Diversit%C3%A4t/Aktuelles/Empfehlungen-der-Hochschulkonferenz-zur-Verbreiterung-von-Genderkompetenz-in-hochschulischen-Prozessen.html;

WROBLEWSKI, „Reflexive Gleichstellungspolitik zur Auflösung des Gleichstellungsparadox", in: *Gleichstellungspolitiken revisted,* Wiesbaden 2021.

189 HEINTZ, „Ohne Ansehen des Geschlechts? Bewertungsverfahren in Universität und Wissenschaft", in: *Vermessene Räume, gespannte Beziehungen. Unternehmerische Universitäten und Geschlechterdynamiken,* Berlin 2018.

190 Cecilia L. RIDGEWAY, „Framed Before We Know It: How Gender Shapes Social Relations", in: *Gender & Society 23,* Band 2, 2009, 145–160.

191 https://wissenschaftliche-integritaet.de/kommentare/implicit-bias-beurteilungsprozesse-entscheidungsprozesse/.

192 HEINTZ, „Ohne Ansehen des Geschlechts? Bewertungsverfahren in Universität und Wissenschaft", in: *Vermessene Räume, gespannte Beziehungen. Unternehmerische Universitäten und Geschlechterdynamiken,* Berlin 2018, 161.

193 Theresa WOBBE, „Instabile Beziehungen. Die kulturelle Dynamik von Wissenschaft und Geschlecht", in: Theresa WOBBE (Hg.), *Zwischen Vorderbühne und Hinterbühne. Beiträge zum Wandel der Geschlechterbeziehungen in der Wissenschaft vom 17. Jahrhundert bis zur Gegenwart,* Bielefeld 2003, 15.

194 Sabine HARK, *Dissidente Partizipation. Eine Diskursgeschichte des Feminismus,* Frankfurt am Main 2005.

195 HEINTZ, „Ohne Ansehen des Geschlechts? Bewertungsverfahren in Universität und Wissenschaft", in: *Vermessene Räume, gespannte Beziehungen. Unternehmerische Universitäten und Geschlechterdynamiken,* Berlin 2018, 171–172.

196 GUTIÉRREZ RODRÍGUEZ u.a., „Rassismus, Klassenverhältnisse und Geschlecht an deutschen Hochschulen. Ein runder Tisch, der aneckt", in: *sub\urban. zeitschrift für kritische stadtforschung 4,* Band 2/3, 2016.

197 Kendra BRIKEN u.a., „Sei ohne Sorge. Vom Vermessen und Un/Sichtbarmachen akademischer Sorgearbeit in der neoliberalen Hochschule", in: Sabine HARK, Johanna HOFBAUER (Hg.), *Vermessene Räume, gespannte Beziehungen. Unternehmerische Universitäten und Geschlechterdynamiken,* Berlin 2018, 217–237; GILL, *Auditieren,*

quantifizieren, zerstören. Vom Leben in der neoliberalen Universität.

198 HÜTHER, OTTO, *Von der Kollegialität zur Hierarchie? Eine Analyse des New Managerialism in den Landeshochschulgesetzen,* Wiesbaden, 136–151.

199 Ebenda, 129–135; siehe auch Karl WEICK, „Educational Organizations as Loosely Coupled Systems", in: *Administrative Science Quarterly 21,* Band 1, 1976, 1–19.

200 ERBE, *Gleichstellungspolitik im Kontext der neuen Governance der Universitäten,* 268.

201 DAUBNER, Lukas, „Leitbildprosa reicht nicht. Kann man Diversität in der Universität managen?", in: *Forschung & Lehre,* Band 3, 2018.

202 Ebenda.

203 AHMED, „Gleichstellung und Performance-Kultur", in: *Vermessene Räume, gespannte Beziehungen. Unternehmerische Universitäten und Geschlechterdynamiken,* Berlin 2018.

204 Ebenda, 248.

205 Ebenda, 267.

206 AHMED, „Gleichstellung und Performance-Kultur", in: *Vermessene Räume, gespannte Beziehungen. Unternehmerische Universitäten und Geschlechterdynamiken,* Berlin 2018.

207 ERBE, *Gleichstellungspolitik im Kontext der neuen Governance der Universitäten;* STRIEDINGER u.a., „Feministische Gleichstellungsarbeit an unternehmerischen Hochschulen: Fallstricke und Gelegenheitsfenster", in: *Feministische Studien, Schwerpunktheft „Universitäten im Wandel - Innenansichten aus der reformierten Hochschule",* Heft 1, 2016.

208 ERBE, *Gleichstellungspolitik im Kontext der neuen Governance der Universitäten.*

209 WROBLEWSKI, „Reflexive Gleichstellungspolitik zur Auflösung des Gleichstellungsparadox", in: *Gleichstellungspolitiken revisted,* Wiesbaden 2021; siehe auch: Angela WROBLEWSKI, Rachel PALMÉN (Hg.), *Overcoming the Challenge of Structural Change in Research Organisations - A Reflexive Approach to Structural Change,* Bingley 2022.

210 STRIEDINGER u.a., „Feministische Gleichstellungsarbeit an unternehmerischen Hochschulen: Fallstricke und Gelegenheitsfenster", in: *Feministische Studien,*

Schwerpunktheft „Universitäten im Wandel - Innenansichten aus der reformierten Hochschule“, Heft 1, 2016.

211 Parminder BAKSHI-HAMM, Inken LIND, „Migrationshintergrund und Chancen an Hochschulen. Gesetzliche Grundlagen und aktuelle Statistiken“, in: Inken LIND, Andrea LÖTHER (Hg.), *Wissenschaftlerinnen mit Migrationshintergrund (cews.publik.no12)*, Bonn 2008, 11–24, https://nbn-resolving.org/urn:nbn:de:0168-ssoar-233429.

212 Friederike HASSAUER, „Die Matrix des Wissens. Autorität und Geschlecht“, in: *Freiburger Frauenstudien 11*, 2002, 52.

213 Ebenda, 52.

214 Virginia WOOLF, *Ein Zimmer für sich allein*, Stuttgart 2012, 8f. „Er war ein Pedell, ich war eine Frau. Hier war der Rasen, dort war der Weg. Hier sind nur Fellows und Gelehrte zugelassen, mein Platz ist auf dem Kiesweg.“

215 AHMED, „Gleichstellung und Performance-Kultur“, in: *Vermessene Räume, gespannte Beziehungen. Unternehmerische Universitäten und Geschlechterdynamiken*, Berlin 2018, 267.

216 Wilhelm HEITMEYER, „Gruppenbezogene Menschenfeindlichkeit (GMF) in einem entsicherten Jahrzehnt“, in: Wilhelm HEITMEYER (Hg.), *Deutsche Zustände. Folge 10*, Berlin 2012, 15–41.

217 Londa SCHIEBINGER u.a., *Gendered Innovations in Science, Health & Medicine, Engineering, and Environment*, https://genderedinnovations.stanford.edu/, eingesehen am 02.09.2022.

218 Herman MELVILLE, *Bartleby, der Schreiber. Eine Geschichte an der Wall Street*, Berlin 2019; siehe hierzu auch Sabine HARK, „Die Aufgaben der Kritik“, in: *Gemeinschaft der Ungewählten. Umrisse eines politischen Ethos der Kohabitation*, Berlin 2021, 87–108.

219 Sara AHMED, *The Feminist Killjoy Handbook*, London 2023.

220 https://en.wikipedia.org/wiki/Crip_(disability_term), eingesehen am 10.02.2023.

221 William Edward Burghard DU BOIS, *Die Seelen der Schwarzen*, Freiburg 2003, 33.

Literatur

ACADEMICS ANONYMOUS, „Academia is now incompatible with family life, thanks to casual contracts", in: *The Guardian,* https://www.theguardian.com/higher-education-network/2016/dec/02/short-term-contracts-university-academia-family, eingesehen am 21.09.2022.

AHMED, Sara, „Gleichstellung und Performance-Kultur", in: HARK, Sabine, HOFBAUER, Johanna (Hg.), *Vermessene Räume, gespannte Beziehungen. Unternehmerische Universitäten und Geschlechterdynamiken,* Berlin 2018, 243–282.

AHMED, Sara, *The Feminist Killjoy Handbook,* London 2023.

ALT, Peter-André, *Exzellent? Zur Lage der deutschen Universität,* München 2021.

ALTREITER, Carina, GRÄBNER, Claudius, PÜHRINGER, Stephan, ROGOJANU, Ana, WOLFMAYR, Georg, „Befristete Uni-Stellen: Drei Fehlschlüsse mit gravierenden Folgen", in: *Der Standard,* https://www.derstandard.at/story/2000128392310/befristete-uni-stellen-drei-fehlschluesse-mit-gravierenden-folgen, eingesehen am 19.09.2022.

AMERICAN ASSOCIATION OF UNIVERSITY PROFESSORS, *The Annual Report on the Economic Status of the Profession, 2020-21,* 2021, https://www.aaup.org/file/AAUP_ARES_2020-21.pdf.

ANDERS, Theo, „Warum die Reform der Kettenverträge an den Unis auf Widerstand stößt", in: *Der Standard,* https://fwww.derstandard.at/story/2000123728859/warum-die-reform-der-kettenvertraege-auf-widerstand-an-den-unis, eingesehen am 19.09.2022.

ANDRESEN, Sünne, DÖLLING, Irene, KIMMERLE, Christoph, *Verwaltungsmodernisierung als soziale Praxis.*

Geschlechter-Wissen und Organisationsverständnis von Reformakteuren, Opladen 2003.

AULENBACHER, Brigitte, FLEIG, Anne, RIEGRAF, Birgit, „Organisation, Geschlecht, soziale Ungleichheiten“, in: *Zeitschrift Feministische Studien 28*, Heft 1, Berlin 2010.

BAHR, Amrei, EICHBORN, Kristin, KUBON, Sebastian, *#IchBinHanna. Prekäre Wissenschaft in Deutschland*, Berlin 2022.

BAKSHI-HAMM, Parminder, LIND, Inken, „Migrationshintergrund und Chancen an Hochschulen. Gesetzliche Grundlagen und aktuelle Statistiken“, in: LIND, Inken, LÖTHER, Andrea (Hg.), *Wissenschaftlerinnen mit Migrationshintergrund (cews.publik.no12)*, Bonn 2008, 11–24.

BARANYI, Florian, SILL, Tamara, „Begutachtungsfrist endet. Unireform erntet Kritik von allen Seiten“, in: *news.ORF.at*, https://orf.at/stories/3196994, eingesehen am 21.09.2022.

BARLÖSIUS, Eva, *Die Macht der Repräsentation. Common Sense über soziale Ungleichheiten*, Wiesbaden 2005.

BARLÖSIUS, Eva, *Die sozialisierte Universität. Ein programmatischer Essay*, Wien (im Erscheinen).

BECK, Ulrich, *Risikogesellschaft. Auf dem Weg in eine andere Moderne*, Frankfurt am Main 1986.

BECKER, Rolf, LAUTERBACH, Wolfgang, *Bildung als Privileg. Erklärungen und Befunde zu den Ursachen der Bildungsungleichheit*, Wiesbaden 2016.

BENDL, Regine, SCHMIDT, Angelika, „Revisiting feminist activism at managerial universities“, in: *Equality, Diversity and Inclusion: An International Journal 31*, Band 5/6, 2012, 484–505.

BESIO, Cristina, NORKUS, Maria, BAUR, Nina, „Projekte und Wissenschaft. Der Einfluss temporärer organisationaler Strukturen auf wissenschaftliche Karrieren, Organisationen und Wissensproduktion“, in: BAUR, Nina, BESIO, Cristina, NORKUS, Maria, PETSCHIK, Grit (Hg.), *Wissen - Organisation - Forschungspraxis. Der Makro-Meso-Mikro-Link in der Wissenschaft*, Weinheim 2016, 343–372.

BINDER, David, „Wer beginnt (k)ein Masterstudium? Determinanten der Übertrittspläne von Bachelorstudierenden", in: PAUSITS, Attila, AICHINGER, Regina, UNGER, Martin (Hg.), *Quo vadis, Hochschule? Beiträge zur evidenzbasierten Hochschulentwicklung,* Münster-New York 2019, 225-246.

BMBWF (BUNDESMINISTERIUM BILDUNG, WISSENSCHAFT UND FORSCHUNG), „Studierende - Studienabschlüsse - Personal - Universitäten. Gender Monitoring. Leaky Pipeline", in: *unidata. Datawarehouse Hochschulbereich,* https://unidata.gv.at.

BMBWF (BUNDESMINISTERIUM BILDUNG, WISSENSCHAFT UND FORSCHUNG), *UG-Novelle 2021: Die wichtigsten Fragen und Antworten für Universitätsangehörige,* https://www.bmbwf.gv.at/Themen/HS-Uni/Hochschulsystem/Gesetzliche-Grundlagen/UG-Novelle-2021-faq/Fragen-und-Antworten-f%C3%BCr-Universit%C3%A4ts--und-Hochschulangeh%C3%B6rige.html#jungwissenschaftlerinnen, eingesehen am 26.01.2023.

BMBWF (BUNDESMINISTERIUM BILDUNG, WISSENSCHAFT UND FORSCHUNG), *Universitätsbericht 2020,* Wien 2021, https://www.bmbwf.gv.at/dam/jcr:ee959e59-9fdb-40c1-8bb8-c56900af98de/untitled.pdf.

BMBWF (BUNDESMINISTERIUM BILDUNG, WISSENSCHAFT UND FORSCHUNG), *Universitätsbericht 2020. Executive Summary,* Wien 2021.

BMBWF (BUNDESMINISTERIUM BILDUNG, WISSENSCHAFT UND FORSCHUNG), *Universitätsbericht 2017,* Wien 2018, https://www.parlament.gv.at/PAKT/VHG/XXVI/III/III_00091/imfname_679017.pdf.

BMJ (BUNDESMINISTERIUM DER JUSTIZ), „Gesetz über befristete Arbeitsverträge in der Wissenschaft", in: *Bundesministerium der Justiz,* https://www.gesetze-im-internet.de/wisszeitvg/index.html, eingesehen am 12.09.2022.

BOGUMIL, Jörg, BURGI, Martin, HEINZE, Rolf G., GERBER, Sascha, GRÄF, Ilse-Dore, JOCHHEIM, Linda, SCHICKENTANZ, Maren, WANNÖFFEL, Manfred, *Modernisierung der Universitäten. Umsetzungsstand und Wirkungen neuer Steuerungsinstrumente,* Berlin 2013.

BOLTANSKI, Luc, CHIAPELLO, Ève, *Der neue Geist des Kapitalismus,* Konstanz 2006.

BPB (BUNDESZENTRALE FÜR POLITISCHE BILDUNG), „Soziale Situation in Deutschland. Bevölkerung mit Migrationshintergrund nach Alter", in: *bpb kurz und knapp*, https://www.bpb.de/kurz-knapp/zahlen-und-fakten/soziale-situation-in-deutschland/150599/bevoelkerung-mit-migrationshintergrund-nach-alter/, eingesehen am 21.09.2022.

BRANDT, Reinhard, *Wozu noch Universitäten? Ein Essay*, Hamburg 2010.

BRECHELMACHER, Angelika, PARK, Elke, ATES, Gülay, CAMPBELL, David F. J., „The Rocky Road to Tenure - Career Paths in Academia", in: FUMASOLI, Tatiana, GOASTELLEC, Gaële, KEHM, Barbara M. (Hg.), *Academic Work and Careers in Europe: Trends, Challenges, Perspectives*, Cham 2015, 13-40, http://link.springer.com/10.1007/978-3-319-10720-2_2.

BRIKEN, Kendra, BLÄTTEL-MINK, Birgit, RAU, Alexandra, SIEGEL, Tilla, „Sei ohne Sorge. Vom Vermessen und Un/Sichtbarmachen akademischer Sorgearbeit in der neoliberalen Hochschule", in: HARK, Sabine, HOFBAUER, Johanna (Hg.), *Vermessene Räume, gespannte Beziehungen. Unternehmerische Universitäten und Geschlechterdynamiken*, Berlin, 217-237.

BROWN, Wendy, „Die Ausbildung des Humankapitalismus", in: BROWN, Wendy (Hg.), *Die schleichende Revolution. Wie der Neoliberalismus die Demokratie zerstört*, Berlin 2015, 209-241.

BROWN, Wendy, *Die schleichende Revolution. Wie der Neoliberalismus die Demokratie zerstört*, Frankfurt am Main 2015.

BURKE, Peter, *Papier und Marktgeschrei. Die Geburt der Wissensgesellschaft*, Berlin 2011.

BUTLER, Nick, SPOELSTRA, Sverre, „Your Excellency", in: *Organization 19*, Band 6, 2012, 891-903.

CHE (CENTRUM FÜR HOCHSCHULENTWICKLUNG), „Check Hochschulleitung in Deutschland - Update 2021", in: *Centrum für Hochschulentwicklung*, https://www.che.de/download/hochschulleitung-deutschland-2022/?wpdmdl=21773&refresh=62b304c35a91c1655899331, eingesehen am 12.09.2022.

CHRISTIAN, Mark, *Integrated but unequal. Black faculty in predominantely white space,* Trenton 2012.

CLARK, Burton R., *Creating Entrepreneurial Universities. Organizational Pathways of Transformation,* Oxford 1998.

DAHRENDORF, Ralf, *Bildung ist Bürgerrecht. Plädoyer für eine aktive Bildungspolitik,* Hamburg 1965.

DAROWSKA, LUCYNA, „Einleitung", in: DAROWSKA, LUCYNA (Hg.), *Diversity an der Universität. Diskriminierungskritische und intersektionale Perspektiven auf Chancengleichheit an der Hochschule,* Bielefeld 2019, 7–12.

DASTON, Lorraine, „Die wissenschaftliche Persona. Arbeit und Berufung", in: WOBBE, Theresa (Hg.), *Zwischen Vorderbühne und Hinterbühne. Beiträge zum Wandel der Geschlechterbeziehungen in der Wissenschaft vom 17. Jahrhundert bis zur Gegenwart,* Bielefeld 2003, 109–136.

DAUBNER, Lukas, „Leitbildprosa reicht nicht. Kann man Diversität in der Universität managen?", in: *Forschung & Lehre,* Band 3, 2018, 202–203.

DAXNER, Michael, *Die blockierte Universität. Warum die Wissensgesellschaft eine andere Hochschule braucht,* Frankfurt am Main–New York 1999.

DOBUSCH, Laura, *Diversity Limited,* Wiesbaden 2015, http://link.springer.com/10.1007/978-3-658-11364-3.

DOHM, Hedwig, *Die Mütter. Beitrag zur Erziehungsfrage,* Berlin 1903.

DÖRRE, Klaus, RACKWITZ, Hans, „Mit der Geduld am Ende? Die Prekarisierung der academic workforce in der unternehmerischen Universität", in: LAUFENBERG, Mike, ERLEMANN, Martina, NORKUS, Maria, PETSCHICK, Grit (Hg.), *Prekäre Gleichstellung,* Wiesbaden 2018, 185–209.

DU BOIS, William Edward Burghard, *Die Seelen der Schwarzen,* Freiburg 2003.

DYK, Silke VAN, REITZ, Tilman, „Projektförmige Polis und akademische Prekarität im universitären Feudalsystem", in: *Soziologie 46,* Band 1, 62–73.

ELAM, Diane, WIEGMAN, Robyn, „Contingencies“, in: ELAM, Diane, WIEGMAN, Robyn (Hg.), *Feminism beside itself,* New York 1995, 1-8.

ENGLER, Steffani, *„In Einsamkeit und Freiheit?“ Zur Konstruktion der wissenschaftlichen Persönlichkeit auf dem Weg zur Professur,* Konstanz 2001.

ERBE, Birgit, *Gleichstellungspolitik im Kontext der neuen Governance der Universitäten,* Wiesbaden 2022.

FAZACKERLEY, Anna, „University staff who can't afford to eat ask for campus food banks“, in: *The Guardian,* https://www.theguardian.com/business/2022/jun/26/university-staff-who-cant-afford-to-eat-ask-for-campus-food-banks?utm_term=Autofeed&CMP=twt_gu&utm_medium&utm_source=Twitter#Echobox=1656228072, eingesehen am 26.06.2022.

FLINK, Tim, SIMON, Dagmar, „Erfolg in der Wissenschaft. Von der Ambivalenz klassischer Anerkennung und neuer Leistungsmessung“, in: HÄNZI, Denis, MATTHIES, Hildegard, SIMON, Dagmar (Hg.), *Erfolg - Konstellationen und Paradoxien einer gesellschaftlichen Leitorientierung (Leviathan Sonderheft 29),* Baden-Baden 2014, 123–144.

GILL, Rosalind, „Auditieren, quantifizieren, zerstören. Vom Leben in der neoliberalen Universität“, in: HARK, Sabine, HOFBAUER, Johanna (Hg.), *Vermessene Räume, gespannte Beziehungen. Unternehmerische Universitäten und Geschlechterdynamiken,* Berlin 2018, 340–372.

GIROUX, Henry A., *Neoliberalism´s War on Higher Education,* Toronto 2014.

GLOTZ, Peter, *Im Kern verrottet? Fünf vor zwölf an Deutschlands Universitäten,* Frankfurt am Main 1996.

GRAF, Angela, „Sozial exklusiv. Über den Zugang zur Wissenschaftselite“, in: *Forschung & Lehre,* Band 2, 2017, 130–132.

GREUSING, Inka, *„Wir haben ja jetzt auch ein paar Damen bei uns“ - Symbolische Grenzziehungen und Heteronormativität in den Ingenieurwissenschaften,* Opladen 2018.

GUTIÉRREZ RODRÍGUEZ, Encarnación, HA, Kien Nghi, HUTTA, Jan S., KESSÉ, Emily Ngubia, LAUFENBERG,

Mike, SCHMITT, Lars, „Rassismus, Klassenverhältnisse und Geschlecht an deutschen Hochschulen. Ein runder Tisch, der aneckt", in: *sub\urban. zeitschrift für kritische stadtforschung 4*, Band 2/3, 2016, 161-190.

GWK (GEMEINSAME WISSENSCHAFTSKONFERENZ), *Chancengleichheit in Wissenschaft und Forschung. 26. Fortschreibung des Datenmaterials (2020/2021) zu Frauen in Hochschulen und außerhochschulischen Forschungseinrichtungen (Heft 82)*, 2022.

HALFFMAN, Willem, RADDER, Hans, „The Academic Manifesto: From an Occupied to a Public University", in: *Minerva 53*, 2015, 165-187.

HALL, Richard, *The Hopeless University. Intellectual Work at the end of The End of History*, Exeter 2021.

HARK, Sabine, „Die Aufgaben der Kritik", in: *Gemeinschaft der Ungewählten. Umrisse eines politischen Ethos der Kohabitation*, Berlin 2021, 87-108.

HARK, Sabine, *Dissidente Partizipation. Eine Diskursgeschichte des Feminismus*, Frankfurt am Main 2005.

HARK, Sabine, HOFBAUER, Johanna (Hg.), *Vermessene Räume, gespannte Beziehungen. Unternehmerische Universitäten und Geschlechterdynamiken*, Berlin 2018.

HASSAUER, Friederike, „Die Matrix des Wissens. Autorität und Geschlecht", in: *Freiburger Frauenstudien 11*, 2002, 49-77.

HASSAUER, Friederike, *Homo. Academica. Geschlechterkontrakte, Institution und die Verteilung des Wissens*, Wien 1994.

HEINTZ, Bettina, „Ohne Ansehen des Geschlechts? Bewertungsverfahren in Universität und Wissenschaft", in: HARK, Sabine, HOFBAUER, Johanna (Hg.), *Vermessene Räume, gespannte Beziehungen. Unternehmerische Universitäten und Geschlechterdynamiken*, Berlin 2018, 159-187.

HEINTZ, Bettina, „Zahlen, Wissen, Objektivität. Wissenschaftssoziologische Perspektiven", in: MENNICKEN, Andrea, VOLLMER, Hendrick (Hg.), *Zahlenwerk, Kalkulation, Organisation und Gesellschaft*, Wiesbaden 2007, 65-85.

HEITMEYER, Wilhelm, „Gruppenbezogene Menschenfeindlichkeit (GMF) in einem entsicherten Jahrzehnt", in:

HEITMEYER, Wilhelm (Hg.), *Deutsche Zustände. Folge 10,* Berlin 2012, 15–41.

HEMPEL, Leon, KRASMANN, Susanne, BRÖCKLING, Ulrich, *Sichtbarkeitsregime. Überwachung, Sicherheit und Privatheit im 21. Jahrhundert (Leviathan Sonderheft 25),* Wiesbaden 2010.

HILDEBRANDT, Paul, „Auf seinem Tisch lag ein Stock", in: *Zeit Campus,* https://www.zeit.de/campus/2022/04/sexualisierte-gewalt-studentinnen-universitaet-goettingen-aufarbeitung, eingesehen am 27.09.2022.

HK (MITGLIEDER DER HOCHSCHULKONFERENZ ARBEITSGRUPPE „VERBREITERUNG VON GENDERKOMPETENZ IN HOCHSCHULISCHEN PROZESSEN"), *Verbreiterung von Genderkompetenz in hochschulischen Prozessen. Empfehlungen der Hochschulkonferenz - Langfassung,* Wien 2018, https://www.bmbwf.gv.at/Themen/HS-Uni/Gleichstellung-und-Diversit%C3%A4t/Aktuelles/Empfehlungen-der-Hochschulkonferenz-zur-Verbreiterung-von-Genderkompetenz-in-hochschulischen-Prozessen.html.

HOFBAUER, Johanna, STRIEDINGER, Angelika, KREISSL, Katharina, SAUER, Birgit, „Of Trump Cards and Game Moves: Positioning Gender Equality as an Element of Power Struggles in Universities", in: TATLI, Ahu, ÖZBILGIN, Mustafa, KARATAS-ÖZKAN, Mine (Hg.), *Pierre Bourdieu, Organisation, and Management,* New York–London 2015, 139–161.

HRK (HOCHSCHULREKTORENKONFERENZ), „Frauen in Leitungspositionen in der Wissenschaft", in: *Hochschulrektorenkonferenz,* https://www.hrk.de/positionen/beschluss/detail/frauen-in-leitungspositionen-in-der-wissenschaft/, eingesehen am 15.09.2022.

HÜTHER, OTTO, *Von der Kollegialität zur Hierarchie? Eine Analyse des New Managerialism in den Landeshochschulgesetzen,* Wiesbaden 2010.

IHS, „Aufnahmetest bei Medizin als sozialer Filter. IHS-Studie", in: *news.ORF.at,* https://orf.at/stories/3195776/, eingesehen am 19.09.2022.

JAHI, Jamilah, „Why isn't my professor black? ", in: *UCL*, https://blogs.ucl.ac.uk/events/2014/03/21/whyisntmy-professorblack/, eingesehen am 15.09.2022.

JANOTTA, Lisa, MORCILLO LAIZ, Álvaro, „Befristungen sind keine »Bestenauslese«", in: *Jacobin Magazin*, 2022, https://jacobin.de/artikel/befristungen-sind-keine-bestenauslese-wisszeitvg-ich-bin-hanna-arbeitsbedigungen-forschung-peter-andre-alt-ludwig-kronthaler/.

KAFKA, Franz, „Er. Aufzeichnungen aus dem Jahre 1920", in: KAFKA, Franz (Hg.), *Beschreibung eines Kampfes. Novellen, Skizzen, Aphorismen aus dem Nachlaß*, Frankfurt am Main 1983, 216-222.

KAHLERT, Heike, „Exzellente Wissenschaft? Das strukturelle Scheitern von Koordinierter Frauen- und Geschlechterforschung im Wettbewerb", in: HARK, Sabine, HOFBAUER, Johanna (Hg.), *Vermessene Räume, gespannte Beziehungen. Unternehmerische Universitäten und Geschlechterdynamiken*, Berlin 2018, 128-156.

KEIL, Maria, *Die Ordnung des Feldes. Reproduktionsmechanismen sozialer Ungleichheit in der Wissenschaft*, Weinheim 2020.

KNAPP, Gudrun-Axeli, „Warum nicht vermessen sein? Anmerkungen zur Dialektik feministischer Aufklärung", in: HARK, Sabine, HOFBAUER, Johanna (Hg.), *Vermessene Räume, gespannte Beziehungen. Unternehmerische Universitäten und Geschlechterdynamiken*, Berlin 2018, 39-70.

KNOBLOCH-WESTERWICK, Silvia, „The Matilda Effect in Science Communication. An Experiment on Gender Bias in Publication Quality Perceptions and Collaboration Interest", in: *Science Communication 35*, 2013, 603-625.

KOMMISSION DER EUROPÄISCHEN GEMEINSCHAFTEN, „Das intellektuelle Potenzial Europas wecken: So können die Universitäten ihren vollen Beitrag zur Lissabonner Strategie leisten", in: *Kommission der Europäischen Gemeinschaften*, http://eur-lex.europa.eu/legal-content/DE/TXT/PDF/?uri=CELEX:52005DC0152&from=DE, eingesehen am 15.09.2022.

KONSORTIUM BUNDESBERICHT WISSENSCHAFTLICHER NACHWUCHS, *Bundesbericht Wissenschaftlicher*

Nachwuchs 2021. Statistische Daten und Forschungsbefunde zu Promovierenden und Promovierten in Deutschland, Bielefeld 2021.

KORTENDIEK, Beate, MENSE, Lisa, BEAUFAŸS, Sandra, BÜNNIG, Jenny, HENDRIX, Ulla, HERRMANN, Jeremia, MAUER, Heike, NIEGEL, Jennifer, „Gender-Report 2019. Geschlechter(un)gerechtigkeit an nordrheinwestfälischen Hochschulen“, in: *Netzwerk Frauen- und Geschlechterforschung NRW,* http://www.genderreport-hochschulen.nrw.de/fileadmin/media/media-genderreport/download/Gender-Report_2019/Teile/genderreport_2019_Teil_C_f_web.pdf, eingesehen am 15.09.2022.

KREISSL, Katharina, STRIEDINGER, Angelika, SAUER, Birgit, HOFBAUER, Johanna, „Gleichstellung in der unternehmerischen Hochschule? Diskursive Verschiebungen in der hochschulpolitischen Landschaft Österreichs“, in: BINNER, Kristina, KUBICEK, Bettina, ROZWANDOWICZ, Anja, WEBER, Lena (Hg.), *Die unternehmerische Hochschule aus der Perspektive der Geschlechterforschung. Zwischen Aufbruch und Beharrung (Forum Frauen- und Geschlechterforschung 39),* Münster 2013, 20–30.

KREMPKOW, René, „Können wir die Besten für die Wissenschaft gewinnen? Zur Rekrutierung von Nachwuchsforschenden in Wissenschaft und Wirtschaft“, in: *Personal- und Organisationsentwicklung,* Band 2/3, 2017, 59-64.

KREMPKOW, René, „Soziale Selektivität gesunken, aber noch groß - auch im Hochschulsystem“, in: *Spektrum.de SciLogs,* https://scilogs.spektrum.de/wissenschaftssystem/soziale-selektivitaet/, eingesehen am 19.09.2022.

KREMPKOW, René, „Weiter so? Ein Kommentar zur Evaluation des WissZeitVG“, in: *Spektrum.de SciLogs,* https://scilogs.spektrum.de/wissenschaftssystem/kommentar-zur-evaluation-wisszeitvg/.

KRÜCKEN, Georg, „Die Transformation von Universitäten in Wettbewerbsakteure“, in: *Beiträge zur Hochschulforschung 39,* Band 3/4, 2017, 10–29.

KÜHL, Stefan, *Die Fassade der Organisation. Überlegungen zur Trennung von Schauseite und formaler Seite von Organisationen,* Universität Bielefeld 2010, https://www.uni-bielefeld.de/soz/personen/kuehl/pdf/Schauseite-Working-Paper-1_19052010.pdf.

KUHNT, Mathias, REITZ, Tilman, WÖHRLE, Patrick, *Arbeiten unter dem Wissenschaftszeitvertragsgesetz: Eine Evaluation von Befristungsrecht und -realität an deutschen Universitäten*, 2022, https://nbn-resolving.org/urn:nbn:de:bsz:14-qucosa2-791926.

LANG, Michael, „Uni-Arbeitsverträge: Eine Frage der Generationengerechtigkeit", in: *Der Standard*, https://www.derstandard.at/story/2000128188322/uni-arbeitsvertraege-eine-frage-der-generationengerechtigkeit, eingesehen am 19.09.2022.

LANG, Michael, „Gibt es wirklich zu viele Befristungen an Unis?", in: *Der Standard*, https://www.derstandard.at/story/2000144795839/gibt-es-wirklich-zu-viele-befristungen-an-unis, eingesehen am 23.03.2023.

LAUFENBERG, Mike, „Soziale Klassen und Wissenschaftskarrieren. Die neoliberale Hochschule als Ort der Reproduktion sozialer Ungleichheiten", in: BAUR, Nina, BESIO, Cristina, NORKUS, Maria, PETSCHIK, Grit (Hg.), *Wissen - Organisation - Forschungspraxis. Der Makro-Meso-Mikro-Link in der Wissenschaft*, Weinheim 2016, 580–625.

LAUFENBERG, Mike, ERLEMANN, Martina, NORKUS, Maria, PETSCHICK, Grit, „Prekäre Gleichstellung - Eine Einleitung", in: LAUFENBERG, Mike, ERLEMANN, Martina, NORKUS, Maria, PETSCHICK, Grit (Hg.), *Prekäre Gleichstellung*, Wiesbaden 2018, 1–24.

LEENDERTZ, Ariane, „Die Macht des Wettbewerbs. Die Max-Planck-Gesellschaft und die Ökonomisierung der Wissenschaft seit den 1990er Jahren", in: *Vierteljahreshefte für Zeitgeschichte 70*, Band 2, 2022, 235–271.

LENZEN, Dieter, „Wissenschaftler sind keine Laufbahnbeamten", in: *jmwiarda*, https://www.jmwiarda.de/2022/02/11/wissenschaftler-sind-keine-laufbahnbeamten/, eingesehen am 11.02.2022.

LERNER, Gerda, *Die Entstehung des Patriarchats*, Frankfurt am Main–New York 1995.

LÖRZ, Markus, SCHINDLER, Steffen, „Soziale Ungleichheit auf dem Weg in die akademische Karriere. Sensible Phasen zwischen Hochschulreife und Post-Doc-Phase“, in: *Beiträge zur Hochschulforschung 38*, Band 4, 2016, 14–39.

LÖTHER, Andrea, RIEGRAF, Birgit, *Gleichstellungspolitik und Geschlechterforschung: veränderte Governance und Geschlechterarrangements in der Wissenschaft, (cews-Frauen in Wissenschaft und Forschung 8)*, Opladen 2017.

MASSCHELEIN, Jan, SIMONS, Jan, *Jenseits der Exzellenz. Eine kleine Morphologie der Welt-Universität*, Berlin 2010.

MEDIENDIENST INTEGRATION, „Zahlen und Fakten: Integration“, in: *Mediendienst Integration*, https://mediendienst-integration.de/integration/hochschule.html, eingesehen am 19.09.2022.

MELVILLE, Herman, *Bartleby, der Schreiber. Eine Geschichte an der Wall Street*, Berlin 2019.

MERTON, Robert K., „Der Matthäus-Effekt in der Wissenschaft“, in: MERTON, Robert K. (Hg.), *Entwicklung und Wandel von Forschungsinteressen. Aufsätze zur Wissenschaftssoziologie*, Frankfurt am Main 1985, 147–171.

MIDDENDORFF, Elke, APOLINARSKI, Beate, BECKER, Karsten, BORNKESSEL, Philipp, BRANDT, Tasso, HEISSENBERG, Sonja, NAUMANN, Heike, POSKOWSKY, *Jonas, Die wirtschaftliche und soziale Lage der Studierenden in Deutschland 2016. Zusammenfassung zur 21. Sozialerhebung des Deutschen Studentenwerks - durchgeführt vom Deutschen Zentrum für Hochschul- und Wissenschaftsforschung*, Berlin 2017, https://www.studentenwerke.de/sites/default/files/se21_zusammenfassung_hauptbericht.pdf.

MÖLLER, Christina, GAMPER, Markus, REUTER, Julia, BLOME, Frerk, „Vom Arbeiterkind zur Professur. Gesellschaftliche Relevanz, empirische Befunde und die Bedeutung biographischer Reflexionen“, in: REUTER, Julia, GAMPER, Markus, MÖLLER, Christina, BLOME, Frerk (Hg.), *Vom Arbeiterkind zur Professur: Sozialer Aufstieg in der Wissenschaft. Autobiographische Notizen und soziobiographische Analysen*, Bielefeld 2020, 9–64.

MÖLLER, Christina, *Herkunft zählt (fast) immer. Soziale Ungleichheiten unter Universitätsprofessorinnen und -professoren*, Weinheim 2015.

MÜLLER-BÖLING, Detlef, *Die entfesselte Hochschule*, Gütersloh 2000.

MÜNCH, Richard, *Globale Eliten, lokale Autoritäten. Bildung und Wissenschaft unter dem Regime von PISA, McKinsey & Co.*, Frankfurt am Main 2009.

NACHTWEY, Oliver, „Die Rolltreppe nach unten", in: NACHTWEY, Oliver (Hg.), *Die Abstiegsgesellschaft. Über das Aufbegehren in der regressiven Moderne*, Berlin 2016, 126–136.

NATIONALE AKADEMIE DER WISSENSCHAFTEN LEOPOLDINA (Hg.), *Frauen in der Wissenschaft: Entwicklungen und Empfehlungen: Stellungnahme*, Halle (Saale) 2022, https://levana.leopoldina.org/receive/leopoldina_mods_00688.

NECKEL, Sighard, „Die Pflicht zum Erfolg. Genealogie einer Handlungsorientierung", in: HÄNZI, Denis, MATTHIES, Hildegard, SIMON, Dagmar (Hg.), *Erfolg. Konstellationen und Paradoxien einer gesellschaftlichen Leitorientierung (Leviathan Sonderheft 29)*, Baden-Baden 2014, 29–44.

NECKEL, Sighard, „Die Refeudalisierung des modernen Kapitalismus", in: BUDE, Heinz, STAAB, Philipp (Hg.), *Kapitalismus und Ungleichheit. Die neuen Verwerfungen*, Frankfurt am Main–New York 2016, 157–174.

NENTWICH, Julia, OFFENBACHER, Ursula, „Kennzahlen als verräterische Verbündete. Eine übersetzungstheoretische Perspektive auf hochschulische Gleichstellungsreformen", in: HARK, Sabine, HOFBAUER, Johanna (Hg.), *Vermessene Räume, gespannte Beziehungen. Unternehmerische Universitäten und Geschlechterdynamiken*, Berlin 2018, 283–310.

NEUSEL, Aylâ, WOLTER, Andrä, ENGEL, Ole, KRISZIO, Marianne, WEICHERT, Doreen, *Internationale Mobilität und Professur. Karriereverläufe und Karrierebedingungen von Internationalen Professorinnen und Professoren an Hochschulen in Berlin und Hessen, Abschlussbericht BMBF*, Wien 2014, https://www.erziehungswissenschaften.hu-berlin.de/de/intern_alt/mobilitaet/projektergebnisse/

abschlussbericht-1/abschlussbericht-internationale-mobilitaet-und-professur.pdf.

NEUSEL, Aylâ, WOLTER, Andrä, *Mobile Wissenschaft. Internationale Mobilität und Migration in der Hochschule,* Frankfurt am Main–New York 2017.

NGUBIA KURIA, *Emily, eingeschrieben. Zeichen setzen gegen Rassismus an deutschen Hochschulen,* Berlin 2015.

OSTERLOH, Margit, FREY, Bruno S., „Das Peer-Review-System auf dem ökonomischen Prüfstand", in: KAUBE, Jürgen (Hg.), *Die Illusion der Exzellenz. Lebenslügen der Wissenschaftspolitik,* Berlin 2011, 65–74.

PARK, Elke, PECHAR, Hans, „Academic Research and Employment: Recent Changes in Europe and the United States", in: WRIGHT, James D. (Hg.), *International Encyclopedia of the Social & Behavioral Sciences,* Oxford 2015, 49–53.

PARTHEYMÜLLER, Julia, PÜHRINGER, Stephan, „Prekäre Arbeit an Universitäten kann man nicht wegrechnen", in: *Der Standard,* https://www.derstandard.at/story/2000145076606/prekaere-arbeit-an-universitaeten-kann-man-nicht-wegrechnen, eingesehen am 31.03.2023.

PECHAR, Hans, ANDRES, Lesley, „Academic Careers in Comparative Perspective", in: WRIGHT, James D. (Hg.), *International Encyclopedia of the Social & Behavioral Sciences,* Oxford 2015, 26–30.

POLANYI, Karl, *The Great Transformation. Politische und ökonomische Ursprünge von Gesellschaften und Wirtschaftssystemen,* Frankfurt am Main 1978.

POWER, Michael, *The Audit Explosion,* London 1994.

RANDY, Martin, *Under New Management. Universities, Administrative Labor, and the Professional Turn,* Philadelphia 2011.

READINGS, Bill, *The University in Ruins,* Cambridge 1997.

REITZ, Tilman, *Alternative Evaluation des Wissenschaftszeitvertragsgesetzes,* https://tu-dresden.de/gsw/phil/orgdifflab/forschung/alternative-evaluation-des-wissenschaftszeitvertragsgesetzes, eingesehen am 06.06.2022.

REUTER, Julia, GAMPER, Markus, MÖLLER, Christina, FLOME, Frerk, *Vom Arbeiterkind zur Professur. Sozialer Aufstieg in der Wissenschaft,* Bielefeld 2020.

RICHTER, Nancy, *Organisation, Macht, Subjekt. Zur Genealogie des modernen Managements,* Bielefeld 2014.

RIDGEWAY, Cecilia L., „Framed Before We Know It: How Gender Shapes Social Relations“, in: *Gender & Society 23,* Band 2, 2009, 145–160.

RIDGEWAY, Cecilia L., *Framed by Gender. How Gender Inequality Persist in the Modern World,* Oxford–New York 2011.

ROESSLER, Isabel, „Jede vierte staatliche Hochschule in Deutschland wird von einer Frau geleitet“, in: *CHE (Centrum für Hochschulentwicklung),* https://www.che.de/2022/jede-vierte-staatliche-hochschule-in-deutschland-wird-von-einer-frau-geleitet/, eingesehen am 17.03.2022.

ROGGE, Jan-Christoph, „Wissenschaft als Karrierejob“, in: FUNKEN, Christiane, HÖRLIN, Sinje, ROGGE, Jan-Christoph (Hg.), *Generation 35plus. Aufstieg oder Ausstieg? Hochqualifizierte und Führungskräfte in Wirtschaft und Wissenschaft,* Berlin 2013, 30–58.

ROSS, Matthew B., GLENNON, Britta M., MURCIANO-GOROFF, Raviv, BERKES, Enrico G., WEINBERG, Bruce A., LANE, Julia I., „Women are Credited Less in Science than are Men“, in: *Nature 608,* 2022, 135–145.

ROSSITER, Margaret W., „The Matthew Matilda Effect in Science“, in: *Social Studies of Science 23,* Band 2, 1993, 325–341.

RUDNICKA, J., „Anzahl der Studienanfänger/-innen im ersten Hochschulsemester in Deutschland in den Studienjahren von 1995/1996 bis 2021/2022“, in: *Statista,* https://de.statista.com/statistik/daten/studie/4907/umfrage/studienanfaenger-in-deutschland-seit-1995/, eingesehen am 05.08.2022.

RUDNICKA, J., „Entwicklung der Studienanfängerquote in Deutschland von 2000 bis 2021“, in: *Statista,* https://de.statista.com/statistik/daten/studie/72005/umfrage/entwicklung-der-studienanfaengerquote/, eingesehen am 24.01.2022.

SCHAUZ, Désirée, „Umstrittene Analysekategorie - erfolgreicher Protestbegriff. Debatten über Ökonomisierung der Wissenschaft in der jüngsten Geschichte“, in: GRAF, Rüdiger (Hg.), *Ökonomisierung. Debatten und Praktiken in der Zeitgeschichte,* Göttingen 2019, 262–296.

SCHIEBINGER, Londa, KLINGE, Ineke, PAIK, Hee-Young, SÁNCHEZ DE MADARIAGA, Inés, NIELSEN, Matthias Wullum, OERTELT-PRIGIONE, Sabine, SCHRAUDNER, Martina, STEFANICK, Marcia, *Gendered Innovations in Science, Health & Medicine, Engineering, and Environment,* https://genderedinnovations.stanford.edu/, eingesehen am 02.09.2022.

SCHIMANK, Uwe, „Festgefahrene Gemischtwarenläden – Die deutschen Hochschulen als erfolgreich scheiternde Organisationen“, in: STÖLTING, Erhard, SCHIMANK, Uwe (Hg.), *Die Krise der Universitäten (Leviathan Sonderheft 20),* Wiesbaden 2001, 223–242.

SCHMEISER, Martin, *Akademischer Hasard. Das Berufsschicksal des Professors und das Schicksal der deutschen Universität 1870-1920,* Stuttgart 1994.

SCHRÖDER, Lothar, URBAN, Hans-Jürgen, MÜLLER, Nadine, PICKSHAUS, Klaus, REUSCH, Jürgen (Hg.), *Transformation der Arbeit - Ein Blick zurück nach vorn (Gute Arbeit),* Frankfurt am Main 2019.

SCHWARZ-PLASCHG, Claudia Gertraud, *On its 20th anniversary, my testimonial on the Harvard STS Program,* https://medium.com/@claudia_gertraud/on-its-20th-anniversary-my-testimonial-on-the-harvard-sts-program-64100f6caac7, eingesehen am 10.11.2022.

SPOONER, Marc, „Qualitative Research and Global Audit Culture“, in: DENZIN, Norman K., LINCOLN, Yvonna S. (Hg.), *Sage Handbook of Qualitative Research,* Thousand Oaks 2018, 894–914.

STATISTA RESEARCH DEPARTMENT, „Soziale Zusammensetzung der Studierenden in Deutschland nach Bildungsherkunft von 1985 bis 2012“, in: *Statista,* https://de.statista.com/statistik/daten/studie/155540/umfrage/soziale-herkunft-der-studierenden-in-deutschland-seit-1982/, eingesehen am 12.09.2022.

STICHWEH, Rudolf, „Autonomie der Universitäten in Europa und Nordamerika. Historische und systematische Überlegungen“, in: KAUBE, Jürgen (Hg.), *Die Illusion der Exzellenz*, Berlin 2009, 38–49.

STIFTERVERBAND, *Vom Arbeiterkind zum Doktor. Der Hürdenlauf auf dem Bildungsweg der Erststudierenden. Diskussionspapier 2*, New York, https://www.stifterverband.org/medien/vom_arbeiterkind_zum_doktor.

STÖLTING, Erhard, SCHIMANK, Uwe, *Die Krisen der Universitäten (Leviathan Sonderheft 20)*, Wiesbaden 2001.

STRIEDINGER, Angelika, SAUER, Birgit, KREISSL, Katharina, HOFBAUER, Johanna, „Feministische Gleichstellungsarbeit an unternehmerischen Hochschulen: Fallstricke und Gelegenheitsfenster“, in: *Feministische Studien, Schwerpunktheft „Universitäten im Wandel - Innenansichten aus der reformierten Hochschule“*, Heft 1, 2016, 9–22.

TANTNER, Anton, „Österreich schafft Quasi-Berufsverbote an Hochschulen“, in: *Jacobin Magazin*, https://jacobin.de/artikel/ig-lektorinnen-universitaetsgesetz-oesterreich-ugnovelle-befristung-entfristung-paragraph-109-bildung-brennt/, eingesehen am 09.02.2021.

THOMPSON, Vanessa Eileen, VORBRUGG, Alexander, „Rassismuskritik an der Hochschule. Mit oder trotz Diversity-Policies?“, in: *Prekäre Gleichstellung. Geschlechtergerechtigkeit, soziale Ungleichheit und unsichere Arbeitsverhältnisse in der Wissenschaft*, Wiesbaden 2018, 79–99.

TRAXLER, Tanja, „Frauen in der Forschung erhalten weniger Anerkennung als Männer“, in: *Der Standard*, https://www.derstandard.at/story/2000136799272/frauen-in-der-forschungwomen-in-science-receive-less-credit-for?ref=article, eingesehen am 22.06.2022.

ULV (VERBAND DES WISSENSCHAFTLICHEN UND KÜNSTLERISCHEN PERSONALS DER ÖSTERREICHISCHEN UNIVERSITÄTEN), *Arbeitsbedingungen und Arbeitsrecht*, http://www.ulv.ac.at/doku.php?id=ulv:klick:arbeitsbedingungen&s%5b%5d=lehrbeauftragte, eingesehen am 27.01.2023.

VEREINIGUNG DER KANZLERINNEN UND KANZLER DER UNIVERSITÄTEN DEUTSCHLANDS, *Bayreuther Erklärung zu befristeten Beschäftigungsverhältnissen mit wissenschaftlichem und künstlerischem Personal in Universitäten,* Bayreuth 2019, https://www.uni-kanzler.de/fileadmin/user_upload/05_Publikationen/2017_-_2010/20190916_Bayreuther_Erklaerung_der_Universitaetskanzler_brfp.pdf.

VOLLMER, Lina, „Keine Professionalisierung ohne Genderwissen. Zum Wandel der Gleichstellungsarbeit im hochschulischen Reformprozess", in: *Feministische Studien, Schwerpunktheft 34, „Universitäten im Wandel - Innenansichten aus der reformierten Hochschule",* Heft 1, 2016, 56-71.

VORMBUSCH, Uwe, *Die Herrschaft der Zahlen. Zur Kalkulation des Sozialen in der kapitalistischen Moderne,* Frankfurt am Main 2012.

WAGNER, Gerald, *Weniger Wettbewerb wagen,* https://zeitung.faz.net/faz/geisteswissenschaften/2022-11-02/3f5fbeb04116a94b26fb36903172cbb4/?GEPC=s3, eingesehen am 15.11.2022.

WEBER, Max, „Wissenschaft als Beruf", in: WEBER, Max (Hg.), *Gesammelte Aufsätze zur Wissenschaftslehre,* Tübingen 1985, 582-613.

WEICK, Karl, „Educational Organizations as Loosely Coupled Systems", in: *Administrative Science Quarterly 21,* Band 1, 1976, 1-19.

WIARDA, Jan-Martin, „60, männlich, westdeutsch - immer noch", in: *jmwiarda,* https://www.jmwiarda.de/2021/03/03/60-m%C3%A4nnlich-westdeutsch-immer-noch, eingesehen am 12.09.2022.

WIARDA, Jan-Martin, „Wirkung light", in: *jmwiarda,* https://www.jmwiarda.de/2022/05/20/wirkung-light/, eingesehen am 23.05.2022.

WOBBE, Theresa, „Instabile Beziehungen. Die kulturelle Dynamik von Wissenschaft und Geschlecht", in: WOBBE, Theresa (Hg.), *Zwischen Vorderbühne und Hinterbühne. Beiträge zum Wandel der Geschlechterbeziehungen in der Wissenschaft vom 17. Jahrhundert bis zur Gegenwart,* Bielefeld 2003, 13-40.

WOOLF, Virginia, *Ein Zimmer für sich allein,* Stuttgart 2012.

WR (WISSENSCHAFTSRAT), „Empfehlungen für die Ausgestaltung von Studium und Lehre", in: *Wissenschaftsrat,* https://doi.org/10.57674/q1f4-g978, eingesehen am 15.09.2022.

WR (WISSENSCHAFTSRAT), „Empfehlungen zur Qualitätsverbesserung von Lehre und Studium", in: *Wissenschaftsrat,* https://www.wissenschaftsrat.de/download/archiv/8639-08.html, eingesehen am 15.09.2022.

WROBLEWSKI, Angela, PALMÉN, Rachel (Hg.), *Overcoming the Challenge of Structural Change in Research Organisations - A Reflexive Approach to Structural Change,* Bingley 2022.

WROBLEWSKI, Angela, „Reflexive Gleichstellungspolitik zur Auflösung des Gleichstellungsparadox", in: WROBLEWSKI, Angela, SCHMIDT, Angelika (Hg.), *Gleichstellungspolitiken revisted,* Wiesbaden 2021, 43–57, https://link.springer.com/10.1007/978-3-658-35846-4_3.

WROBLEWSKI, Angela, STRIEDINGER, Angelika, *Gleichstellung in Wissenschaft und Forschung in Österreich. Studie im Auftrag des Bundesministeriums für Bildung, Wissenschaft und Forschung (BMBWF),* Wien 2018.

ZIMMER, Lena Maria, „Bildungsaufstiege in der Wissenschaft. Zur Nicht-Reproduktion sozialer Ungleichheit beim Übergang von der Junior- auf die Lebenszeitprofessur", in: *Zeitschrift für Soziologie 50,* Band 5, 2022.

ZIPPEL, Kathrin, FERREE, Myra Marx, ZIMMERMANN, Karin, „Gender equality in German universities: vernacularising the battle for the best brains", in: *Gender and Education 28,* Band 7, 2016, 867–885.

Zur Reihe Wissenschaft - Transformation - Politik

Das Verhältnis der Wissenschaft zur Politik war nie einfach. Dass wir uns seit einiger Zeit in einer Hochphase der Auseinandersetzung darüber befinden, was Universität leisten kann und soll und unter welchen Bedingungen, kann als unbestritten angesehen werden. Gewiss steht in ähnlicher Weise außer Frage, dass Universität und Wissenschaft regelrecht zu Experimentierfeldern verschiedenster, nicht selten widersprüchlicher Steuerungsbegehren und Anreizsetzungen geworden sind. Die Wissenschafts- und Hochschulforschung hat dies in vielen Studien theoretisch und empirisch untersucht. Hinzu kommt eine Reihe kritischer, oftmals larmoyanter Kommentare, in denen vornehmlich von persönlichen Erfahrungen und Enttäuschungen aus der Praxis des Transformationsgeschehens berichtet wird. Braucht es trotzdem eine weitere, eigene Buchreihe, die sich mit den Folgen und Zielen dieser Umbauten von Wissenschaft und Hochschule befasst? Wir meinen ja.

Erstens ganz einfach deshalb, weil es gar nicht genügend Nachdenken über die Gegenwart und die Zukunft von Universität und Wissenschaft geben kann. Wenn der epistemischen Besonderheit und gesellschaftlichen Sonderstellung beider zunehmend gesellschaftlich und politisch misstraut wird, dann hat dies nicht nur für Wissenschaft und Hochschule Konsequenzen. Es bringt auch Einbußen hinsichtlich des gesellschaftlichen und politischen Ertrags von

Wissenschaft und Universitätsbildung. Die Auseinandersetzung über „*post-truth*" verdeutlicht dramatisch, welche Einbußen die Folge sein können.

Zweitens, wenn es zur Eigenart der Wissensgesellschaft gehört, Wissenschaft und Universität in gesellschaftliche Basiseinrichtungen zu transformieren, dann erweitert sich der übliche Kreis von Akteur/innen und Institutionen, die sich an den wissenschaftlichen und wissenschaftspolitischen Reflexionen und Debatten beteiligen. Dafür braucht es neue Formate und Foren der Reflexion über die Zukunft von Wissenschaft und Universität.

Drittens wird gegenwärtig die Wissenschafts- und Hochschulforschung zwar langsam, aber immerhin doch weiter ausgebaut. Zumindest kann man darauf vertrauen, dass ein Konsens darüber besteht, dass dies zu geschehen hat. Bislang spiegelt sich jedoch die gesellschaftliche, politische und ökonomische Bedeutung von Universität und Wissenschaft in einer Wissensgesellschaft nicht in entsprechenden Forschungseinrichtungen wider.

Viertens gibt es bisher keinen eigenen Ort für Reflexionen von Personen, die gleichermaßen als Fürsprecher/innen für Wissenschaft und Universität auftreten und über wissenschaftspolitische Gestaltungsmacht verfügen, die folglich Praxis und Theorie in ihrer Person vereinigen.

Die Autoren/innen dieser Buchreihe zeichnen sich entsprechend durch drei Eigenschaften aus:

Nachdenklichkeit: Sie stehen vielen gegenwärtigen Ausrichtungen der Wissenschafts- und Hochschulsysteme kritisch gegenüber und entwickeln eigene Vorstellungen darüber, wie Universität und Wissenschaft zu erneuern sind. Dabei haben sie die unterschiedlichen Perspektiven von Wissenschaft, Politik und Verwaltung im Blick.

Grenzgängerschaft: Sie haben langjährige Erfahrung darin, Brücken zwischen diesen drei Perspektiven zu bauen, weil sie in Institutionen tätig waren und sind, die die unterschiedlichen Sichtweisen und Zielvorstellungen zusammenbringen müssen.

Behutsamkeit: Sie fühlen sich einer differenzierten Betrachtung verpflichtet und lehnen Vereinfachungen und Vereinheitlichungen ab, wie sie beispielsweise in einer indikatorengestützten Gesamtsteuerung angelegt sind. Stattdessen engagieren sie sich für eine Wissenschaftspolitik, die behutsam mit den jeweiligen Voraussetzungen und Zielen der unterschiedlichen wissenschaftlichen Einrichtungen umgeht.

Die Herausgeber/innen

Passagen
Wissenschaft - Transformation - Politik

Günther R. Burkert
Die vernetzte Universität
Von der Kritik der Ökonomisierung zur Neuausrichtung auf die Gesellschaft

Antonio Loprieno
Die entzauberte Universität
Europäische Hochschulen zwischen lokaler Trägerschaft und globaler Wissenschaft

Wilhelm Krull
Die vermessene Universität
Ziel, Wunsch und Wirklichkeit

Lothar Zechlin
Die selbstreflexive Universität
Führung und Management einer autonomen Organisation

Eva Barlösius
Die sozialisierte Universität
Ein programmatischer Essay
(in Vorbereitung)